36 Bamberger Studien zu Literatur, Kultur und Medien

Bamberger Studien zu Literatur, Kultur und Medien

hg. von Andrea Bartl, Jörn Glasenapp, Iris Hermann, Christoph Jürgensen, Friedhelm Marx

Band 36

University of Bamberg Press
2023

Goethes Privatbibliothek im Spiegel der *Italienischen Reise*

Ausgewählte Bände als Quellen im Schreibprozess

Kimberley Wegner

University
of Bamberg
Press
2023

Bibliografische Information der Deutschen Nationalbibliothek
Die Deutsche Nationalbibliothek verzeichnet diese Publikation in der Deutschen Nationalbibliografie; detaillierte bibliografische Daten sind im Internet über http://dnb.dnb.de abrufbar.

Herstellung und Druck: docupoint, Magdeburg
Umschlaggestaltung: University of Bamberg Press
Umschlagbilder: Foto links: Klassik Stiftung Weimar, Fotothek, Foto: Jens Hauspurg; Foto rechts: Goethe in der Champagne, Städel Museum, Frankfurt am Main

ISSN: 2192-7901 (Print) eISSN: 2750-7912 (Online)
ISBN: 978-3-86309-922-0 (Print) eISBN: 978-3-86309-923-7 (Online)

URN: urn:nbn:de:bvb:473-irb-594853
DOI: https://doi.org/10.20378/irb-59485

Inhaltsverzeichnis

1. Einleitung – die enigmatischen Spuren im Buch

„Bibliotheken sind Schatzkammern des menschlichen Geistes“[1], schrieb Gottfried Wilhelm Leibnitz (1646–1716). Eine dieser Schatzkammern ist die Autorenbibliothek von Johann Wolfgang von Goethe (1749–1832) in Weimar. Sie ist eine der bedeutendsten Autorenbibliotheken der deutschen Literatur, deren Bestände als eine der wenigen um 1800 fast vollständig erhalten geblieben sind und die für Goethe ein zentrales Arbeitsinstrument darstellte. Bibliotheken von bekannten Gelehrten und ihre Bücher sind essentielle Quellen, durch die ihr Denken, ihre Arbeitsweisen und der Wissenshorizont ihrer Epoche verstanden werden können. Sie sind aus wissenschaftlicher Perspektive relevant, weil sie reichhaltiges Material zur Kontextualisierung der Werke liefern, die die Autorinnen und Autoren[2] verfasst haben.[3] Zudem sind sie für die interdisziplinäre Forschung wertvolle Wissensarchive, weil sie diverse Informationen zum Werk, zur Person und zum Zeithorizont der Autorin oder des Autors offenbaren.[4] Ihr Zweck und deren Nutzen sind dabei vielfältig und sie zeigen, dass die Lesespuren in den Büchern nicht nur die Lektüre „als individuellen, innerlichen, privaten, auch subversiven und widerständigen, der Welt abgewandten und sie dennoch verändernden Prozess“[5] sind, sondern sie auch als integraler Teil der Produktion neuer Texte zu verstehen sind. Magnus Wieland spricht von der „Hoffnung, durch das Studium der Leseexemplare und Lektürespuren einen privilegierten Zugang zum schöpferischen Prozess zu erhalten und die Genese eines Werks

---

[1] Buzas, Ladislaus: Deutsche Bibliotheksgeschichte der Neuzeit (1500–1800). Wiesbaden 1976 (= Elemente des Buch- und Bibliothekswesens 2), S. 26.

[2] Anmerkung: Im Theorieteil dieser Arbeit wird auf eine geschlechtergerechte Sprache geachtet. Ab Kapitel 3 wird dem historischen Kontext entsprechend individuell entschieden, ob das generische Maskulinum verwendet wird.

[3] Vgl. Werle, Dirk: Autorschaft und Bibliothek: Literaturtheoretische Perspektiven. In: Autorschaft und Bibliothek: Sammlungsstrategien und Schreibverfahren. Hg. von Stefan Höppner u. a. Göttingen 2018 (= Kulturen des Sammelns 2), S. 23–34.

[4] Vgl. Rohmann, Ivonne: Aspekte der Erschließung und Rekonstruktion nachgelassener Privatbibliotheken am Beispiel der Büchersammlungen Herders, Wielands, Schillers und Goethes. In: Autorenbibliotheken: Erschließung, Rekonstruktion, Wissensordnung. Hg. von Michael Knoche. Wiesbaden 2015 (= Bibliothek und Wissenschaft 48), S. 17.

[5] Gfrereis, Heike: Vorwort. In: Das bewegte Buch: Ein Katalog der gelesenen Bücher: Mit 104 Beispielen aus dem Deutschen Literaturarchiv Marbach. Hg. von Heike Gfrereis. Marbach am Neckar 2015, S. 10.

quasi ad fontes nachzuverfolgen."[6] Doch wie sind Autorenbibliotheken definiert? Welche Rolle spielen dabei die Unterscheidungen zwischen realer und virtueller Bibliothek? Diese Fragen werden in Kapitel 2 und 2.1 der vorliegenden Studie beantwortet.

Ein zentraler Teil von Autorenbibliotheken sind die Spuren des Leseprozesses von Autorinnen und Autoren, weil sie die enge Verbindung zwischen dem Schreiben und der Auseinandersetzung mit Texten veranschaulichen: Diese Spuren heißen ‚Lesespuren'. Sie, ihre verschiedene Arten und die Terminologien zur Unterscheidung werden anschließend erklärt. Zudem wird erläutert, worin ihr Mehrwert beim Interpretationsvorgang von Texten besteht, denn anders als bei ähnlichen Disziplinen, wie der Glossenforschung, die eine etablierte Terminologie besitzt,[7] ist dies bei der neuzeitlichen Lesespurenforschung nicht der Fall. Das Begriffsfeld für die Beschäftigung mit Lesespuren ist zwar vielfältig,[8] doch es fehlen oft einheitliche Determination, die die untersuchten Phänomene systematisch charakterisieren.[9]

Die Forschenden nutzen dabei mannigfache Begrifflichkeiten, die sie auf unterschiedliche Art voneinander abgrenzen. Bei dieser Untersuchung wird auf die Klassifikationen von Bamert,[10] Wieland[11] und Höppner[12] zurückgegriffen, aus deren Schnittmenge sich die hier verwendete Definition von Lesespuren ergibt, um die entsprechende Analyse im Hauptteil durchzuführen. Die gängigsten Begriffe zur Systematisierung von

---

[6] Wieland, Magnus: Border Lines – Zeichen am Rande des Sinnzusammenhangs. In: Randkulturen: Lese- und Gebrauchsspuren in Autorenbibliotheken des 19. und 20. Jahrhunderts. Hg. von Anke Jaspers/Andreas B. Kilcher. Göttingen 2020, S. 64.

[7] Vgl. dazu Bergmann, Rolf/Stefanie Stricker (Hg.): Die althochdeutsche und altsächsische Glossographie: Ein Handbuch. Berlin 2009.

[8] Vgl. dazu Atze, Marcel: Libri annotati: Annäherung an eine vernachlässigte Spezies: Hand- und Arbeitsexemplare. In: Lesespuren – Spurenlesen: Wie kommt die Handschrift ins Buch? Hg. von Marcel Atze/Volker Kaukoreit. Wien 2011, S. 11–51.

[9] Vgl. Bamert, Manuel: Aha! – Annotieren mit Stiften als epistemische Praxis. In: Annotations in scholarly editions and research: functions, differentiation, systematization. Hg. von Julia Nantke. Berlin/Boston 2020b, S. 20.

[10] Vgl. Bamert, Manuel: Stifte am Werk. Phänomenologie, Epistemologie und Poetologie von Lesespuren am Beispiel der Nachlassbibliothek Thomas Manns. Göttingen 2021.

[11] Vgl. Wieland, Magnus: Materialität des Schreibens Lesens – Materialität des Lesens. In: Autorenbibliotheken: Erschließung, Rekonstruktion, Wissensordnung. Hg. von Michael Knoche. Wiesbaden 2015 (= Bibliothek und Wissenschaft 48), S. 147–173.

[12] Vgl. Höppner, Stefan: Goethes Bibliothek. Eine Sammlung und ihre Geschichte. Frankfurt am Main 2022.

Lesespuren sind ‚Marginalien', ‚Lesespuren', ‚Annotationen' und neu durch Bamert indiziert ‚Stiftlichkeit'. In den Kapiteln 2.2.1 bis 2.2.3 wird erläutert, was die genannten Begriffe bedeuten, wie sie voneinander abzugrenzen sind und wie sie angewendet werden.

Danach folgt die Anwendung der dargelegten theoretischen Untersuchungsmöglichkeiten auf die Büchersammlung von Goethes Privatbibliothek. Diese hat eine lange sowie ereignisreiche Geschichte, deren Bestand sich kontinuierlich weiterentwickelte. Da ein Blick in die Historie der Bibliothek erste Hinweise über das Sammlungsprofil preisgibt, wird in Kapitel 3.1 damit begonnen ihre Geschichte zu Goethes Lebzeiten zu skizzieren. Die Geschichte der Bibliothek gibt Auskunft über Goethes Lektüren, seine Interessen, seine Arbeitsweise und seine Beziehungen zu anderen Autorinnen und Autoren. Zudem spielte bei der Entwicklung des Bestandes Goethes Reise nach Italien zwischen September 1786 und Mai 1788, beziehungsweise seine Rückkehr aus Italien auch eine relevante Rolle. Die Gründe hierfür werden ebenfalls in dem Kapitel illustriert.
Doch nicht nur die Geschichte der Bibliothek ist bedeutsam, sondern auch ihre verschiedenen Funktionen, daher ist ein Zweck der vorliegenden Studie, diese zu erläutern. Dabei wird der Frage nachgegangen, was Goethe mit der Bildung des Bestandes bezweckte: Wollte er eine universelle, enzyklopädisch ausgerichtete Sammlung anlegen oder konzentrierte er seine Sammeltätigkeit auf bestimmte Themen, um so eine spezialisierte, temporär auf das jeweilige Projekt zugeschnittene Bibliothek zusammenzustellen? Welche Rolle dabei seine Nachlass- und Werkpolitik spielte und wie die Funktionen der Bibliothek mit seinem literarischen Schaffen zusammenhing wird in Kapitel 3.2 beantwortet.

Ein Projekt von Goethes Werk- und Nachlasspolitik ist die *Italienische Reise*. Sie ist eine der berühmtesten Reisebeschreibungen der Literaturgeschichte. Darin beschreibt der 37-jährige Goethe seine Inkognitoreise nach Italien, die er von 1786 bis 1788 unternahm. Während der Reise besuchte er 27 Städte darunter beliebte Ziele wie Verona, Vincenza, Bologna, Venedig und Rom. Dabei zeichnete, forschte, dichtete, schrieb und philosophierte er und betrieb geologische sowie botanische Studien.

Durch die Kunst- und Antikenbetrachtungen durchlebte er nach der Entfremdung von seinem Künstlertum einen Selbstfindungsprozess.

Während der Reise verfasste Goethe das *Tagebuch der Italienischen Reise,*[13] in dem er seine Reiseerfahrung niederschrieb. Es war in persönlicher Anrede an Charlotte von Stein (1742–1827) gerichtet und zunächst allein für sie gedacht, die es in mehreren Etappen aus Italien zugeschickt bekam. Das Tagebuch bildete die Grundlage der späteren gedruckten Version und wird auch bei dieser Untersuchung immer wieder konsultiert.[14] Mit der Reise erfüllte sich Goethe, der zeitlebens ein großes Interesse für Italien hegte, einen Traum und beflügelte damit seine literarische Schaffensphase. Die Reise war ein Wendepunkt in seiner Arbeit und in der Geschichte der Bibliothek. Doch warum interessierte Goethe sich für Italien und weshalb verließ er Weimar in der Nacht des 3. Septembers 1786 so plötzlich? Welche Beweggründe er hatte, wie der Reisebericht entstand und wie der Schreibprozess verlief, wird in Kapitel 4.1 ebenfalls dargelegt.

Trotz des enormen Bearbeitungspotenzials der Privatbibliothek und ihres berühmten Besitzers blieben dezidierte wissenschaftliche Untersuchungen zum umfangreichen Textkorpus weitestgehend aus. Sowohl die Büchersammlung als auch die Lesespuren in den Büchern des Bestandes sind bisher kaum erforscht.[15] Im Jahr 1958 erschien der Katalog *Goethes Bibliothek*[16] des Altphilologen Hans Ruppert (1885–1964). Er war der erste Forschende, der ein umfassendes Verzeichnis der Goethe-Bücher inklusive Lese- und Gebrauchsspuren anfertigte. Der Katalog setzte sich als Standardwerk bei der Erforschung von Goethes Lektüren durch, doch der

---

[13] Goethe, Johann Wolfgang von: Tagebücher 1775–1787. Text. Bd. 1,1. Historisch-kritische Ausgabe. Hg. von Jochen Golz u. a. Stuttgart/Weimar 1998, wird nachfolgend als Sigle ‚Goethe TB 1' abgekürzt.

[14] Vgl. dazu die Archivbestände des Goethe-Schiller Archivs in Weimar, dessen Bestände im Zuge dieser Untersuchung immer wieder konsultiert worden. Hier im Speziellen: GSA 27/9: Goethe, Johann Wolfgang von / Tagebücher.

[15] Ausnahmen bilden u. a.: Engelhardt, Wolf von (Hg): Goethes Fichtestudien: Faksimile-Edition von Goethes Handexemplar der Programmschrift „Ueber den Begriff der Wissenschaftslehre." Weimar 2004 und Molnár, Géza von: Goethes Kantstudien: eine Zusammenstellung nach Eintragungen in seinen Handexemplaren der „Kritik der reinen Vernunft" und der „Kritik der Urteilskraft". Weimar 1996.

[16] Vgl. dazu: Ruppert, Hans: Goethes Bibliothek. Katalog. Weimar 1958.

Buchbesitz und die Funktion für seine Werke wurde dabei nicht untersucht. Es ist ein reines Verzeichnis – ohne Interpretation der Bibliothek und ihres Bestandes. Außerdem enthält es weder die nicht mehr vorhandenen Bücher noch die Ausleihen oder solche, die der Literat anderswo gelesen hat.[17] Ruppert übersah auch ungefähr ein Drittel der Anstreichungen und Marginalien in den Bänden. Dies könnte auf seine Augenerkrankung, den Grauen Star, zurückzuführen sein, die ihm die Arbeit erschwerte.[18]

Die historisch-kritische Ausgabe der Tagebücher Goethes befasst sich zwar mit einzelnen Ausgaben wie den Reisebüchern von Volkmann, auf die später noch genauer eingegangen wird, doch die Forschenden untersuchten die Lesespuren nicht differenziert und nahmen keine Interpretation oder Einordnung vor.[19] Sie werden lediglich in den Fußzeilen exemplarisch aufgeführt, jedoch unvollständig.

Erst Stefan Höppner und Ulrike Trenkmann haben sich in mehreren Projekten des Forschungsverbundes Marbach Weimar Wolfenbüttel seit 2015 intensiv mit Goethes Bibliothek, seinen Büchern, den Lesespuren und besonders den Ausleihen sowie ihrer Visualisierung[20] beschäftigt. Dabei wurde die Bibliothek in einem neuen digitalen Verzeichnis (Goethe Bibliothek Online)[21] erfasst und erstmals gründlich erforscht sowie mit digitalen Mitteln ausgewertet und visualisiert. Die Ergebnisse der Forschungen wurden unter anderem in der kürzlich erschienenen Monografie Höppners[22] festgehalten. Doch auch bei diesem Forschungsprojekt konnte nicht jedes Buch aus der Privatbibliothek detailliert ausgewertet werden. Daher bietet dieses Thema reichlich unausgeschöpftes Bearbeitungspotenzial.

---

[17] Vgl. Wachsmuth, Andreas Bruno: Goethes Bibliothek: Zu ihrem jetzt erschienenen Katalog. Goethe: Vierteljahresschrift der Goethe-Gesellschaft 20 (1958a), S. 201.

[18] Vgl. Höppner (2022), S. 226.

[19] Goethe, Johann Wolfgang von: Tagebücher 1775–1787. Kommentar. Historisch-kritische Ausgabe. Bd. I.2. Hg. von Wolfgang Albrecht/Andreas Döhler. Stuttgart/Weimar 1998.

[20] Höppner, Stefan u. a.: Goethes Ausleihen: VIKUS-Viewer: URL: https://vfr.mww-forschung.de/en/web/goethedigital/vikus (zuletzt aufgerufen am 25.06.2022).

[21] Herzogin Anna Amalia Bibliothek Weimar: Goethes Bibliothek Online. URL: https://opac.lbs-weimar.gbv.de/DB=2.5/ (zuletzt aufgerufen am 25.06.2022).

[22] Vgl. Höppner (2022).

Um einen weiteren Beitrag zur Erforschung der Goethe-Bibliothek zu leisten, steht daher im Zentrum dieser Analyse die Untersuchung von Lesespuren in ausgewählten und relevanten Werken von Goethes privater Büchersammlung, die zuvor nicht in diesem Ausmaß und unter diesen Gesichtspunkten analysiert wurden.
Das Ziel dieser Exploration im 4. Kapitel ist es, die einzelnen Lesespuren in den Exemplaren zu nennen, einzuordnen, zu klassifizieren und sie zu untersuchen. Dabei wurde material- und quellenbasiert gearbeitet und die Lesespuren in Tabellen erfasst, kategorisiert, verglichen, erforscht und unter Zuhilfenahme anderer Quellen wie Tagebucheinträge, Briefe, Rechnungsbücher, unveröffentlichten Archivalien und Forschungsdaten ausgewertet.

Eine der Quellen, die als Textgrundlage dieser Analyse dient, ist der Reisebericht *Historisch-kritische Nachrichten von Italien*[23] des Schriftstellers und Reisenden Johann Jacob Volkmann (1732–1803), der aus drei Bänden besteht. Sie sind alle in Leipzig erschienen und stammen aus dem Bestand der Goethe-Privatbibliothek in Weimar, die heute in der Anna Amalia Bibliothek in Weimar aufbewahrt werden. Goethe besaß die erste Auflage von 1770/71, nicht die erweiterte und weitaus verbreiterte zweite Auflage von 1777. Gegenüber anderen Reiseführern der Zeit, die meist ein Folioformat hatten, waren diese Bände handlicher und eigneten sich daher zur Mitnahme. Sie stechen aus der Masse der Bücher seiner Privatbibliothek heraus, weil sie viele stiftliche Lesespuren enthalten, die möglicherweise Indizien über den literarischen Produktionszyklus der *Italienischen Reise* ergeben.

---

[23] Vgl. Volkmann, Johann Jacob: Historisch-kritische Nachrichten von Italien: Welche eine genaue Beschreibung dieses Landes, der Sitten und Gebräuche, der Regierungsform, Handlung, Oekonomie, des Zustandes der Wissenschaften und insonderheit der Werke der Kunst nebst einer Beurtheilung derselben enthalten, Bd. 3. Leipzig 1770 (Ruppert 2184 (3)). Wird nachfolgend als Sigle ‚Volk I 3' abgekürzt.
Anmerkung zur Ruppert Signatur: Goethes Bücher aus der Privatbibliothek tragen alle eine Ruppert Signatur, die auf Hans Ruppert zurückgeht, der als erster die Bibliothek erschloss. Auch die ‚Goethe Bibliothek Online' der HAAB arbeitet weiterhin mit dieser Signatur, weshalb sie auch in dieser Arbeit angegeben wird. Daher werden zitierte Bände aus Goethes Privatbibliothek nachfolgend auch mit der Ruppert-Signatur versehen. Diese werden in diese Bibliographie jedoch nicht aufgenommen. Die Namen der Autorinnen und Autoren sind stattdessen über das alphabetische Register erschließbar.

Bei der Analyse der Lesespuren wird mit dem dritten Band der Reihe begonnen, da er vor allem die Anfänge von Goethes Italienreise abbildet und vielschichtige Untersuchungsergebnisse liefert. Danach folgt die Betrachtung des ersten Bandes, dessen Ortsbeschreibungen den weiteren Verlauf von Goethes Reise skizzieren. Der zweite Band bleibt bei dieser Studie unberücksichtigt, da sein Umfang und die dort in großer Zahl enthaltenen Lesespuren den Rahmen derselben überschreiten würde.

Bis Neapel dienten Volkmanns Bücher Goethe als Reiseführer, danach griff er in gleicher Funktion auf den Reisebericht *Voyage en Sicile et dans la grande Grèce*[24] von Johann Hermann Riedesel (1740–1785) zurück, der aus dem Jahr 1773 stammt. Dieser Reisebericht wird ebenfalls betrachtet, da er bei der Entstehung der *Italienischen Reise* eine bedeutende Rolle einnahm. Er wird auch in Bezug auf Lesespuren analysiert, die ebenfalls mithilfe von Tabellen erfasst und ausgewertet werden. Dabei steht nicht nur der Aspekt der Untersuchung und Einordnung der Lesespuren im Fokus, sondern dieser und der Reisebericht von Volkmann werden jeweils auf inhaltliche Parallelen zu der *Italienischen Reise* untersucht. Denn es existiert ein Zusammenhang zwischen dem Vorgang des Lesens und Schreibens sowie der Produktion von Büchern, der sich in Autorenbibliotheken abbildet. Die Praxis der Lektüre und des Markierens stehen mit den auf sie aufbauenden Schreibverfahren in einem Verhältnis, was sich exemplarisch an diesen Werken zeigen lässt.
Daher ist ein weiteres Ziel dieser Untersuchung anhand der verschiedenen historischen Reiseführer, die Goethe mit auf seine Reise nach Italien nahm, herauszufinden, ob er diese als Wissensquelle verwendete, um sein Text zu verfassen. Anhand der Analyse der Lesespuren in den Reiseführern wird zudem aufgezeigt, wie viel von ihnen abgeleitet werden kann und was sie über die Arbeitsweise Goethes offenbaren. Die Auswertung der Lesespuren kann jedoch nur eine Annäherung sein, weil sich nicht ausnahmslos beantworten lässt, was Goethe mit den stiftlichen Lesespuren bezweckte – es bleiben Interpretationen und Vermutungen. Die Argumentation und die Indiziensuche zeigen jedoch plausible Möglichkeiten auf.

[24] Vgl. Riedesel, Johann Hermann: Voyage en Sicile et dans la grande Grèce. Lausanne 1773 (Ruppert 4060). Wird nachfolgend als Sigle: ‚Ried SG' abgekürzt.

Im Zuge dessen soll auch geklärt werden, inwiefern es sich bei der *Italienischen Reise* um ein literarisches Konstrukt handelt. Das literarische Konstrukt eines Tagebuchs ist eine Montage von dem, was die Autorin oder der Autor tatsächlich erlebt und unmittelbar notiert und dem, was sie oder er post festum hinzugefügt, überarbeitet und stilisiert hat. Es findet eine im Nachhinein konstruierte Authentizität statt. Dabei werden die Konventionen der Textsorte Tagebuch simuliert, also die Tatsache, dass ein Diarium üblicherweise für die schreibende Person selbst gedacht ist sowie unmittelbares Erleben in großer zeitlicher Nähe dazu.[25]

Die Bestimmung der Provenienz von Lesespuren ist ebenfalls komplex. Dabei ist die Zuweisung der Provenienz von Marginalien einfacher, da die Schrift mit anderen Beispielen von Goethes Handschrift abgeglichen werden kann. Doch die Provenienz der nonverbalen Lesespuren in Goethes Büchern zu bestimmen, ist in vielen Fällen schwieriger, da sich die Herkunft einzelner Spuren häufig nur schwer einer Person zuordnen lässt. Die Lesespuren könnten ebenso von früheren Besitzern der Bücher, Familienmitgliedern, Goethes Mitarbeitern, Kollegen oder anderen Forschenden, die seit den 1880er Jahren die Bibliothek nutzen konnten, stammen. Daher sind viele Spuren in der *Goethe Bibliothek Online* mit der Zuordnung ‚N.N.' versehen.[26] Die Identifikation und Unterscheidung verschiedener Bleistifte allein aufgrund ihrer Spur stellt eine Herausforderung dar, auch wenn es zahlreiche Härtegrade gibt, die den Charakter der resultierenden Striche beeinflussen. Zudem sind die Eigenschaften der Striche, insbesondere Strichdicke und -farbe, auch vom konkreten Gebrauch abhängig.[27]
Die Arbeitshypothese ist trotzdem, dass mit hoher Wahrscheinlichkeit davon auszugehen ist, dass die meisten nonverbalen Lesespuren von Goethe stammen, da die Art der stiftlichen Lesespuren, die Form der Striche, die Dicke und die Kreuze innerhalb der Büchersammlung so Konsistenz sind. Dies wird sich auch anhand der Untersuchung der verschiedenen Reiseführer zeigen.

---

[25] Vgl. Schönborn, Sibylle: Tagebuch. In: Reallexikon der deutschen Literaturwissenschaft: Neubearbeitung des Reallexikons der deutschen Literaturgeschichte. Bd. III: P – Z. Hg. von Georg Braungart u. a. Berlin/Boston 2007, S. 574.
[26] Vgl. Höppner (2022), S. 282.
[27] Vgl. Bamert (2021), S. 78.

Bei der Beantwortung der Fragen inwieweit die Privatbibliothek Goethes als Spiegel der *Italienischen Reise* fungiert und welche Quellen für die Niederschrift des Werkes neben den Büchern von Volkmann und Riedesel zentral waren, spielen auch die Schriften, die er in Italien erworben hat, eine essenzielle Rolle. Um das zu illustrieren, wird in Kapitel 4.2.4 exemplarisch die Abhandlung *I quattro libri dell' architettura di Andrea Palladio*[28] von Andrea Palladio betrachtet.
Da die Lektüren von Gelehrten facettenreich sind und sich nicht auf ihre privaten Bibliotheken beschränken, wird abschließend in 4.3 eine weitere Kategorie miteinbezogen, um ein umfassendes Bild zu erhalten: Goethes Ausleihen. Denn die private Bibliothek einer Autorin oder eines Autors muss im Kontext des Rezeptions- und Schaffensraums gesehen werden.[29] Auf diesen hat nicht nur die Zirkulation von Literatur im persönlichen Umkreis einen Einfluss, sondern vor allem das Entleihen von Büchern aus öffentlichen Bibliotheken.[30] Dazu werden beispielhaft zwei Ausleihen Goethes aus der Herzogin Anna Amalia Bibliothek vorgestellt. Jene entlieh er während seiner Arbeit an der *Italienischen Reise*.
Abschließen wird die Exploration mit einem Fazit, in dem die fundamentalen Aspekte der Analyse zusammengefasst und die Unterschiede sowie Gemeinsamkeiten der Lesespuren in den Reiseführern herausgestellt werden.

---

[28] Vgl. Palladio, Andrea: I quattro libri dell' architettura di Andrea Palladio. Erscheinungsort nicht ermittelbar 1768 (Ruppert 2362). Wird nachfolgend als Sigle ‚Pall QA' abgekürzt.
[29] Vgl. Krumeich, Kirsten: Geliehene Lektüren. Die Ausleihpraxis der Weimarer Bibliothek 1792–1834 und die Entleihungen Johann Wolfgang von Goethes. In: Autorenbibliotheken: Erschließung, Rekonstruktion, Wissensordnung. Hg. von Michael Knoche. Wiesbaden 2015 (= Bibliothek und Wissenschaft 48), S. 61.
[30] Vgl. ebd.

2. Autorenbibliotheken

Autorenbibliotheken sind Orte des Akkumulierens, der Lektüre und Erinnerung,[31] an denen „das Sammeln von Büchern als Arbeitsmittel oder Gegenstand der Bibliophilie zusammentrifft mit der Lektüre, Recherche und Produktion neuer Texte“[32]. Dabei bilden solche makro-literarischen Systeme die Voraussetzung für Literatur und Literaturwissenschaft.[33] Unter den Bibliotheken nimmt dieser Typ eine Spezialrolle ein – die einer Privatbibliothek. Hierbei beruht ihre Entstehung auf den vielfältigen privaten Sammelinteressen der Besitzerin oder des Besitzers.[34] Dabei ist nicht entscheidend, ob die Bücher gelesen wurden oder nicht, denn sie sind aus einem bestimmten Zweck erworben, geschenkt und vor allem behalten worden. Am meisten sind jene überliefert und untersucht wurden, die von bedeutenden Autorinnen oder Autoren stammen, weil an ihrem Leben und Werk ein öffentliches Interesse besteht. Von institutionellen Bibliotheken unterscheiden sich die Autorenbibliotheken dadurch, dass Bücher aus Eigeninteresse und nicht für andere gesammelt werden. Der Zweck und der Nutzen von Autorenbibliotheken sind divers: Sie dienen zur reinen Unterhaltung, als Werkzeug zum Arbeiten, zu repräsentativen Zwecken, zur Selbstdarstellung oder als Erinnerungsort. Zudem können sie auch nach dem Tod der Besitzerin oder des Besitzers als ‚kulturelles Erbe‘, etwa einer Nation, einer Ära, Stadt, gesellschaftlichen Klasse oder einer Gruppe fungieren und sind daher Zeugnisse hoher Relevanz. Wenn diese besonders hoch ist und sie eine Bedeutung für die gesamte Menschheit besitzt, können sie von der UNESCO als Weltkulturerbe eingestuft werden.[35]

---

[31] Vgl. Höppner, Stefan: Bücher sammeln und schreiben: Eine Einleitung. In: Autorschaft und Bibliothek: Sammlungsstrategien und Schreibverfahren. Hg. von Stefan Höppner u. a. Göttingen 2018b (= Kulturen des Sammelns 2), S. 15f.

[32] Jaspers, Anke: (Frau) Thomas Manns Bibliothek? Autorschaftsinszenierung in der Nachlassbibliothek. In: Randkulturen: Lese- und Gebrauchsspuren in Autorenbibliotheken des 19. und 20. Jahrhunderts. Hg. von Anke Jaspers/Andreas Kilcher. Göttingen 2020, S. 142.

[33] Vgl. Wegmann, Nikolaus: Bücherlabyrinthe. Suchen und Finden im alexandrinischen Zeitalter. Köln u. a. 2000, S. 4.

[34] Vgl. Werle (2018), S. 31.

[35] Vgl. Höppner (2022), S. 30.

Autorenbibliotheken sind keine monolithischen Gebilde, denn ihr Bestand unterliegt einem stetigen Wandel und Entwicklung.[36] Schon zu Lebzeiten der Autorin oder des Autors hat sich die Bibliothek dynamisch verändert, sei es durch den Kauf neuer Bücher, durch Geschenke, Belegexemplare, Aussonderungen oder Diebstahl. Auch historische Umstände wie Brände, Naturkatastrophen, Kriege usw. können den Eindruck der ehemals vorhandenen Bestände verfälschen und beeinflussen.[37] Oft geschieht dieser Prozess noch zu Zeiten der Erben durch ähnliche Gründe. Hierbei wiegen das Aufteilen, der Verkauf und das Veräußern schwerer. Doch auch wenn Forschende sich den vorhandenen Büchern nur unreflektiert zu einem bestimmten Zeitpunkt widmen, kann damit eine „Fragmentierung und Befundverfälschung"[38] stattfinden.

Die Besitzer von Büchersammlungen der Autorenbibliotheken sind hauptsächlich Männer, doch auch wenn Autorinnen über eigene Bibliotheken verfügten, galten diese lange Zeit als weniger relevant, da ihre Texte seltener kanonisiert wurden.[39] Trotz der Tatsache, dass in den Bibliotheken der männlichen Autoren vielfach Exemplare aus dem Besitz der weiblichen Familienmitglieder enthalten sind, werden ihre Bücher selten als Teil einer eigenständigen Bibliothek angesehen, sondern nur als Bestandteil der Paar- oder Familienbibliothek, wie bei Bettina von Armin oder Katja Mann.[40] Familienbibliotheken werden sie genannt, weil sich in diesen Bibliotheken häufig Exemplare aus dem Besitz diverser Familienmitglieder und verschiedener Generationen sowie deren Lesespuren befinden. Berühmte Beispiele sind etwa die der Familie von Armin und der Familie Mann, deren Familienbibliotheken sowohl die Bücher der Ehefrauen der Schriftsteller als auch die ihrer Nachfahren umfassen. Zu dieser Kategorie zählt ebenfalls Goethes Privatbibliothek, in der neben seinen eigenen gesammelten Werken auch die seiner Vorfahrinnen und Vorfahren sowie seiner Nachkomminnen und Nachkommen vorhanden sind.

---

[36] Vgl. Höppner (2018a), S. 25.
[37] Vgl. ebd.
[38] Jaspers (2020), S. 142.
[39] Vgl. Höppner (2018a), S. 11.
[40] Vgl. ebd.

Autorenbibliotheken fungieren auch als Medium zur Selbstinszenierung der Autorschaft.[41] Es soll ein bestimmtes Bild über die Person und deren Interessen vermittelt werden. Auf diese Weise wird bewusst versucht, den Blick der Nachwelt zu beeinflussen und gegebenenfalls zu manipulieren.[42] Dabei spielt es keine Rolle, ob dies aktiv zu Lebzeiten der Autorin oder des Autors selbst inszeniert oder im archivierten Stadium von Erben, Institutionen etc. vorgenommen wurde.[43] Durch diese Variablen ist es schwierig zu bestimmen, zu welchem Zeitpunkt ein Buch in den Bestand gekommen ist. Eine genauere Aussage über den Zustand der Bibliothek ist meist nur nach dem Tod der Besitzerin oder des Besitzers zu treffen.[44]

Mit Autorenbibliotheken wurde postum unterschiedlich umgegangen: Oft entschieden Erbengemeinschaften oder Institutionen, die die Bücher aufnehmen wollten, über den materiellen Wert der Objekte in der betreffenden Bibliothek, doch dadurch wurde die Sammlung häufig auseinandergerissen. Akribische Dokumentationen und Aufarbeitungen des Nachlasses von Autorinnen und Autoren, wie dem von Christoph Martin Wieland, Thomas Mann und Johann Wolfgang von Goethe, sind Ausnahmen. In den meisten Fällen existieren nur Verkaufs- oder Auktionskataloge, die vor allem die geschäftlichen Transaktionen dokumentierten.[45]
Heute fungieren Autorenbibliotheken als Teil eines Autorennachlasses, der oft von Institutionen wie Forschungs- und Universitätsbibliotheken sowie Literaturarchiven übernommen wird oder die schon zu Lebzeiten als ‚Vorlass' einer Einrichtung übergeben werden.[46] Problematisch ist dabei jedoch, dass solche Institutionen nur den existierenden Bestand übernehmen oder selektiv bestimmte Bereiche auswählen, was den tatsächlichen Zustand der Autorenbibliothek verfälscht.[47]

---

[41] Vgl. Jaspers (2020), S. 142.
[42] Vgl. Bülow, Ulrich von: Der Nachlass als materialisiertes Gedächtnis und archivarische Überlieferungsform In: Nachlassbewusstsein. Literatur, Archiv, Philologie, 1750–2000. Hg. von Kai Sina/Carlos Spoerhase. Göttingen 2017, S. 77.
[43] Vgl. Jaspers (2020), S. 142.
[44] Vgl. Werle (2018), S. 23–34.
[45] Vgl. Martin, Dieter: Wielands Nachlass: Kapitalien, Hausrat, Bücher. Heidelberg 2020, S. 43.
[46] Vgl. Höppner (2018b), S. 11.
[47] Vgl. ebd.

2.1 Reale vs. virtuelle Bibliothek

Ein zentrales Unterscheidungskriterium von Autorenbibliotheken ist die Einteilung in ‚reale' und ‚virtuelle' Bibliothek. Eine reale Bibliothek ist die physische – in ihr stehen alle Bücher, die eine Autorin oder ein Autor besitzt oder besessen hat. Die reale Bibliothek bietet viele Forschungsmöglichkeiten, denn in ihr lassen sich zahlreiche Spuren ihrer Entstehung und Überlieferung finden, die wesentlich sind, um ihren Wert zu ermitteln und ihre Bedeutung zu interpretieren.[48] Das heißt aber nicht, dass die Autorin oder der Autor alle Bücher, die in dieser realen Bibliothek stehen, auch gelesen hat. Dabei ist die überlieferte reale Bibliothek faktisch immer unvollständig, weil sie nur den Bestand von Büchern abbildet, die nach dem Ableben der Besitzerin oder des Besitzers noch vorhanden sind.[49] Deswegen sind die meisten Autorenbibliotheken als Nachlassbibliotheken zu charakterisieren. Frühere Zustände dieser Bibliotheken sind in der Regel nicht verzeichnet. Ausnahmen stellen hierbei Verzeichnisse dar, wie jene über Goethes Privatbibliothek, deren verschiedene Zustände und Entwicklungen dokumentiert wurden, beispielsweise zum Zeitpunkt seiner Rückkehr aus Italien oder als er nach Weimar übersiedelte.[50]

Ein weiteres Problem ist, dass Institutionen bei der Mehrzahl der Nachlässe der realen Bibliotheken nur Kernbestände übernehmen, da die Magazine und Archive mit großen Platzproblemen konfrontiert sind. Zudem sind die Kosten für den Transport und die Aufbewahrung immens und stellen eine Belastung dar.[51] Wenn eine solche Bibliothek schon auseinandergerissen wird, müssten zumindest der Inhalt und die genaue Aufstellung der Bücher am Originalstandort dokumentiert werden, doch auch dies findet häufig nicht statt.[52] Die Gründe hierfür sind etwa fehlendes Personal oder fehlende Geldmittel. Ferner werden die Bestände zensiert, besonders wenn der Status der Autorin oder des Autors für eine Nation oder eine kulturelle Institution bedeutend ist. Dann folgt oft die

---

[48] Vgl. Weber, Jürgen: Bodies of Evidence: Exemplar, Sammlung und Provenienz. In: Quarto. Zeitschrift des Schweizerischen Literaturarchivs (SLA) 30/31 (2010), S. 171.

[49] Vgl. Höppner (2018b), S. 17f.

[50] Vgl. ebd.

[51] Vgl. ebd.

[52] Vgl. ebd.

Aussortierung von Büchern, die sich nicht in das vorbestimmte Schema fügen.[53]
Die ‚virtuelle' oder ‚ideale' Bibliothek wie Paolo D'Iorio sie nennt, ist eine, die alle Druckerzeugnisse berücksichtigt, die die Besitzerin oder der Besitzer tatsächlich im Verlauf ihres oder seines Lebens gelesen hat.[54] Das schließt auch jene Werke mit ein, die an einem anderen Ort gelesen, entliehen oder auf andere Weise gelesen wurden. Ein derartiger Fall ist faktisch nie vollständig dokumentiert. Selbst wenn ein detailliertes Verzeichnis der gelesenen Schriften wie bei Arthur Schnitzler oder bei Walter Benjamin geführt wurde, würde das nur ein fragmentarisches Bild skizzieren, weil etwa keine Kinderlektüren miteingeschlossen sind und der Schreibende für sich problematische Texte (wie pornographische oder politische) möglicherweise gar nicht erst in ein solches Verzeichnis aufgenommen hat.[55] Auf diese Weise findet ebenso eine Verfälschung statt, um ein bestimmtes Bild zu vermitteln. Daher ist es unmöglich, „wirklich alles, was ein Autor gelesen hat, zu rekonstruieren, wie auch ein Editor niemals alle Werke, die ein Autor geschrieben hat, edieren kann"[56].

---

[53] Vgl. Ferrer, Daniel: Bibliothèques réelles et bibliothèques virtuelles. In: Quarto. Zeitschrift des Schweizerischen Literaturarchivs 30/31 (2010), S. 17.
[54] Vgl. D'Iorio, Paolo: Geschichte der Bibliothek Nietzsches und ihrer Verzeichnisse. In: Nietzsches persönliche Bibliothek. Hg. von Giuliano Campioni. Berlin/New York 2003, S. 69.
[55] Vgl. Höppner (2022), S. 25.
[56] Vgl. D'Iorio (2003), S. 69.

2.2 Lesespuren und Stiftlichkeit

„Autorenbibliotheken sind auch Laboratorien, in denen sich kulturelle Praktiken in ihrer individuellen Prägung beobachten lassen.“ [57] Solche Praktiken sind Lesespuren, mit denen sich die Lesespurenforschung auseinandersetzt. Die Forschenden bringen textgenetische Studien hervor und verorten Lesespuren theoretisch und systematisch. Wobei den Fragen nachgegangen wird wie, wo, wann, wozu und von wem Lesespuren hinterlassen wurden und wie diese zu beschreiben sowie zu kategorisieren sind.[58] Zudem verraten sie, wie die Bücher gelesen und mit welchen Schreibgeräten Einträge vorgenommen wurden; wie oft, mit welcher Intensität, aus welchen Gründen und unter welchen intellektuellen Voraussetzungen.[59] Dabei sind Leitmotive, semantische Zusammenhänge und Ideencluster erkennbar. Durch das Vorhandensein manueller Lesespuren findet eine Transformation des Buches statt, das kein reines Druckerzeugnis mehr darstellt, sondern „einem Palimpsest [ähnelt], in dem der gedruckte Text die unterste Schicht ausmacht“[60]. Dabei existieren mehrere Lese- und Annotationstypen, die abhängig von der Person und von der Textsorte verschieden sind. Überdies gibt es in bestimmten historischen Phasen Gemeinsamkeiten der Lesespuren, etwa bei der Form der Lesespuren (Striche, Kreuze, Häkchen), der Werkzeuge (Blei- oder Buntstifte) und bei der Art der Bücher, die verwendet wurden, wie die Bibel und gängige Nachschlagewerke.[61]

Der Begriff ‚Lesespur‘ ist zunächst ungenau und wirft viele Fragen auf: Was umfasst eine Lesespur? Meint der Begriff jede einzelne Spur in einem Buch? Was wird ein- und was ausgeschlossen? Nach Stefan Höppner ist eine Lesespur „eine materielle, absichtlich gesetzte Spur in einem gelesenen Exemplar, die in der Regel mit einem Schreibwerkzeug (Feder, Blei- oder Buntstift, Griffel) hinterlassen wurde“[62]. Lesespuren sind damit

---

[57] Jaspers (2020), S. 20.
[58] Vgl. ebd., S. 9.
[59] Vgl. ebd., S. 20.
[60] Benne, Christian. Die Erfindung des Manuskripts: Zur Theorie und Geschichte literarischer Gegenständlichkeit. Berlin 2015, S. 36.
[61] Vgl. Jaspers (2020), S. 20.
[62] Vgl. ebd.

eine spezifische Teilmenge von Gebrauchsspuren. Dabei sind sowohl verbale als auch nonverbale Lesespuren wie An- und Unterstreichungen miteingeschlossen. Nur zufällige Gebrauchsspuren, wie Kaffeeflecken, sind ausgeschlossen. Definierte Lesespuren sind aber auch Schreibspuren, da bei der Lektüre ein Schreibwerkzeug zum Einsatz kam. Meist war dies ein Bleistift, wie bei Goethe, oder seltener eine Feder. Der Begriff der Lesespur wird durch die neue Terminologie von Manuel Bamert ergänzt, der von der ‚stiftlichen Lesespur'.[63] Bamert hat das Konzept der Stiftlichkeit geschaffen und legt den Fokus auf das Schreibwerkzeug, den Stift, der die Lektüre begleitet sowie als Lese- und Studierwerkzeug fungiert.[64] Stiftspuren sind rein materiell basierte Kategorienbildungen, jedoch ist der Begriff ‚Stiftspur' nicht mit ‚Schrift' gleichzusetzen, denn in den Werken von Autorenbibliotheken sind viele Stiftspuren vorhanden, die nicht als alphabetische Schriftzeichen zu bezeichnen sind zum Beispiel An- und Unterstreichungen oder Kritzeleien.[65] Sie definieren in dem verwendeten Zeichensystem und dem Produktionsmedium kategorial unterschiedliche Eigenschaften.[66] Stiftspuren können schriftlich oder nicht schriftlich sein und sind Teilmengen von Gebrauchsspuren. Sie verweisen allerdings nur auf das Instrument ihrer Entstehung, nicht auf die eigentliche Handlung, die sie hervorheben wie Lesespuren. Bamert vereint daher die Begriffe ‚Lesespur' und ‚Stiftspur' in ‚stiftliche Lesespur'. Damit verweist die stiftliche Lesespur terminologisch auf eine intellektuelle Beschäftigung mit einem Text. Das bedeutet, dass beim Lesen mit dem Stift spezifische Spuren hinterlassen wurden und diese Spuren phänomenologisch nicht mit der Handschrift gleichzusetzen sind.[67] Zudem zeigt die Lesespur „exemplarisch die enge Verbindung der Tätigkeit der Hand und des tiefen Eindringens in einen Text an, sein buchstäbliches Be- und Ergreifen".[68]

---

[63] Vgl. Bamert (2021), S. 26.
[64] Vgl. Jaspers (2020), S. 20.
[65] Vgl. Bamert (2021), S. 70.
[66] Vgl. ebd.
[67] Vgl. Bamert, Manuel: Gelesenes Gedrucktes: Textzentrierte Erklärungsansätze zur Entstehung von Lesespuren. In: Randkulturen: Lese- und Gebrauchsspuren in Autorenbibliotheken des 19. und 20. Jahrhunderts. Hg. von Anke Jaspers/Andreas Kilcher. Göttingen 2020a, S. 70.
[68] Benne (2015), S. 98.

Gérald Genette hat den Lesespuren noch verschiedene Funktionen zugeordnet.[69] Nach seiner Theorie sind sie entweder metatextuell oder paratextuell. Erstere beziehen sich kommentierend auf den Text, wozu die Marginalien gehören. Paratextuelle Lesespuren sind nur Beiwerke des eigentlichen Textes, damit sind Titelblätter, Vorworte, Einleitungen und Ähnliches gemeint.

2.2.1 Anstreichungen, Unterstreichungen und Kreuze

Häufige stiftliche Lesespuren in den Werken von Autorenbibliotheken sind An- und Unterstreichungen. Sie sind Parazeichen und gehören zu den nonverbalen Lesespuren oder Stiftspuren. ‚Anstreichungen' sind Striche am seitlichen Rand von Texten, die sich auf den betreffenden Text beziehen.[70] Die Striche verlaufen dabei entweder horizontal, vertikal oder schräg zur Textrichtung und sind gerade oder krumm. Striche, die unterhalb von Zeilen erkennbar sind und sich auf den direkt darüber befindlichen Inhalt beziehen, werden als ‚Unterstreichungen' bezeichnet. Eine Unterstreichung zeigt ihren Bezug meist genau an, da sie einzelne Zeichen oder Wörter hervorhebt.[71] Magnus Wieland nennt An- und Unterstreichungen auch ‚aktiv-rezeptive Spuren'.[72] Jedoch nimmt er eine Einschränkung vor: Er bezieht diesen Begriff nur auf An- und Unterstreichungen, die intensiv im Buch auftauchen – sich also weitflächig wiederfinden. Einzelne An- und Unterstreichungen an wenigen, aber ausgewählten Stellen, nennt er ‚selektiv-rezeptive Spuren'.[73]

Eine weitere Kategorie sind Kreuze. Sie sind selektiv-rezeptive Spuren, weil sie größere Bereiche markieren und weniger auf den gelesenen Text als Ganzes als auf einzelne Stellen hinweisen.[74] Daher ist es oft schwierig zu bestimmen, worauf diese sich bezieht. Kreuze haben somit kaum einen semantischen Eigenwert. Bisweilen sind sie auch mit Anmerkungen

[69] Vgl. Genette, Gérard. Paratexte: Das Buch vom Beiwerk des Buches. Übers. von Dieter Horning. Hg. von Harald Weinrich. Frankfurt am Main 1992, S. 11–13.
[70] Vgl. Bamert (2020a), S. 107.
[71] Vgl. ebd., S. 177.
[72] Vgl. Wieland (2015), S. 161.
[73] Vgl. ebd.
[74] Vgl. Höppner (2022), S. 273.

verbunden, die sich auf den Zweck der späteren Verwendung beziehen und grundsätzlich essenzielle Stellen markieren.[75]

2.2.2 Marginalien und Annotationen

Marginalien sind Lesespuren, die sich auf den naheliegenden Text beziehen und nicht nur stiftlich sind, sondern in Sprache oder zumindest in Schrift übergehen.[76] In ihrer Ursprungsbedeutung beziehen sich Marginalien auf den Rand eines Textes, der Begriff stammt aus dem Lateinischen: *margo* (Rand) und *marginalis* (zum Rand gehörig). Formal ist ihre Bedeutung also nur auf die Stelle bezogen, an der sie auftauchen, nicht auf ihren Inhalt oder ihre Funktion.

Mit Marginalien drückt die Leserin oder der Leser ihre bzw. seine Meinung aus, diese kann in unterschiedliche Kategorien eingeteilt werden. Eine davon ist die ‚possessiv-rezeptive Spur', in der die lesende Person sich die im Text vorkommende Meinung zu eigen macht, oder ihre Übereinstimmung zwischen dem Gelesenen und den eigenen Gedanken artikuliert.[77] Genette nennt solche Marginalien ‚metatextuelle Lesespuren'.[78] Bei einer ‚expressiv-rezeptiven Spur' nimmt die Leserin oder der Leser eine emotionale Haltung gegenüber dem Geschriebenen ein. Auf diese Weise werden Teile des Textes nicht mehr nur hervorgehoben, sondern der annotierende Lesende bezieht deutlich Stellung zum Inhalt und kommentiert diesen.[79] Dabei kann es sich auch um die bloße Korrektur eines Rechtschreib- oder eines inhaltlichen Fehlers handeln. Überdies gibt es die ‚produktiv-rezeptive Lesespur', die auch ‚additiv-rezeptive-Spur' genannt wird, da sie dem gedruckten Text neue oder andere Informationen hinzufügt.[80] Damit wird das Gelesene durch eigene Gedanken ergänzt. In der sprachlichen Spur wird eine intensive inhaltliche Auseinandersetzung mit dem Inhalt deutlich.

Wieland unterscheidet zudem zwischen ‚autographen' und ‚allographen' Marginalien. Erstere resultieren aus der eigenen Lektüre der Autorin oder

[75] Vgl. Höppner (2022), S. 273.
[76] Vgl. Bamert (2020b), S. 31.
[77] Vgl. Wieland (2015), S. 164.
[78] Vgl. Genette (1992), S. 13.
[79] Vgl. Wieland (2015), S. 164.
[80] Vgl. ebd.

des Autors und aus der Bearbeitung der eigenen Texte. Dieser Typ bezieht sich daher primär auf das Redigieren der eigenen Manuskripte oder Korrekturfahnen. Allographe Marginalien liegen vor, wenn fremde Werke bearbeitet werden, dazu zählen handschriftliche Notizen in anderen Büchern.[81]

Claudine Moulin kreierte aus Marginalien ein mehrdimensionales Modell und teilt die Annotationen in ‚endozentrisch' und ‚exozentrisch' ein.[82] Endozentrisch sind sie, wenn sie sich auf den gelesenen Text beziehen. Als exozentrisch werden sie bezeichnet, wenn sie sich auf das beziehen, was der Lesende mit den gewonnenen Informationen vorhat, wie sie beispielsweise in eigene Werke zu verarbeiten.

Eng verwandt mit den Marginalien sind die Annotationen, die aber nicht mit Lesespuren gleichzusetzen sind, denn wie bereits aufgezeigt wurde, können Lesespuren zunächst alles beinhalten, was beim Lesen Spuren hinterlassen hat. Dies hängt jedoch nicht mit dem Verständnis einer Annotation zusammen. Annotieren bedeutet etwas ‚hinzufügen', Zeichen werden aber nicht nur produziert, sondern sie erfüllen einen spezifischen Zweck. Das setzt eine Schriftlichkeit sowie Stiftlichkeit voraus, was An- und Unterstreichung ausschließt. Solange sich die Schriftspur am Rand befindet, ist es eine Marginalie, ist sie im Text zu finden, ist es eine Annotation.

---

[81] Wieland (2015), S. 153.

[82] Vgl. Moulin, Claudine: Endozentrik und Exozentrik: Marginalien und andere sekundäre Eintragungen in Autorenbibliotheken. In: Autorschaft und Bibliothek: Sammlungsstrategien und Schreibverfahren. Hg. von Stefan Höppner u. a. Göttingen 2018 (= Kulturen des Sammelns 2), S. 227–240.

2.2.3 Provenienzen

Ein weiterer zentraler Bestandteil der Autorenbibliotheksforschung ist die Untersuchung der Provenienz von Büchern, der Rekonstruktion von Büchersammlungen und deren Bedeutung für die Kultur und die Geschichte.[83] Bei der Provenienzforschung werden Merkmale von Spuren der Vorbesitzerinnen und Vorbesitzer (Personen und Institutionen) in und auf Büchern analysiert. Diese Merkmale kennzeichnen Besitz, Lesespuren oder Zensurabsichten.[84]

Im ersten Schritt wird ermittelt, wer das Buch besessen hat. Die Provenienz ist bei vielen Exemplaren Goethes zum Beispiel gut feststellbar, weil ihm die Werke direkt von den Autorinnen oder Autoren, Verlagen, Herausgeberinnen und Herausgeber oder den Übersetzerinnen und Übersetzern zugeschickt wurden.[85] Bei vielen anderen, vor allem bei den älteren Drucken, ist dies nicht möglich. Die Provenienzforschung nimmt die Bücher als historische Objekte ernst. Sie erzählen wie andere Sammelobjekte „jedes für sich und [in] ihrem zufälligen Miteinander [...], von Kriegen und Brüchen, von Erinnerung und Vergessen, von verworrenen Linien, von Eroberungen und Beutezügen“[86].

In einem zweiten Schritt werden die Provenienzmerkmale, die die genannten Lesespuren umfassen und zudem Auskunft über die Provenienz geben, erforscht. Dabei wird jedes Merkmal, das auf die Herkunft hinweist, summarisch erfasst. Das schließt Eigentumsvermerke, Schenkungsvermerke, Widmungen, Stempel, Inventarnummern, Signaturen, Exlibris etc. mit ein.[87] Die Herkunft einer einzelnen Spur kann oft nur schwer einer bestimmten Person zugeordnet werden. Dies ist besonders der Fall, wenn sie nicht schriftlich, sondern An- und Unterstreichungen sind.

---

[83] Vgl. Jammers, Antonius/Pforte, Dieter: Die besondere Bibliothek oder die Faszination von Büchersammlungen. München 2002, S. 120.

[84] Vgl. Scheibe, Michaela: T-Pro Thesaurus der Provenienzbegriffe. URL: https://provenienz.gbv.de/T-PRO_Thesaurus_der_Provenienzbegriffe (zuletzt aufgerufen am 01.07.2022).

[85] Vgl. Höppner (2022), S. 32.

[86] Savoy, Bénédicte: Die Provenienz der Kultur: Von der Trauer des Verlusts zum universalen Menschheitserbe. Berlin 2018, S. 16.

[87] Vgl. Jaspers (2020), S. 215.

Es gilt zu untersuchen, inwieweit die Aspekte der Herkunft und Überlieferung bei der Erforschung sowie Interpretation von Büchersammlungen und einzelnen Texten von Bedeutung sind.[88] Auch die Auswertung des individuell und kulturell geprägten Umgangs mit Büchern sowie die Praktiken beim Prozess des Lesens stehen im Fokus. Es folgt eine Analyse der Provenienzmerkmale auf einer inhaltlich-interpretativen Ebene, da daraus wertvolle Erkenntnisse gezogen werden.

Wenn sich Lesespuren zusätzlich kontextualisieren lassen, ergeben sich beispielsweise umfangreiche Möglichkeiten, das Wissen über Goethes Lektüre, Arbeitsweise und den Entstehungsprozess seiner Werke zu erweitern. Für Goethe selbst war die Provenienz von Büchern nebensächlich, selbst jene von bekannten Vorbesitzern wie Gottfried Wilhelm Leibniz oder dem Barockdichter Andreas Gryphius erwähnte Goethe kaum. Der Gebrauchswert stand im Vordergrund. Für die Nachwelt ist die Provenienz jedoch von Interesse, besonders in Bezug auf die Interpretation der Privatbibliothek, die im Folgenden beschrieben wird.

[88] Vgl. Höppner (2022), S. 240.

3. Goethes Privatbibliothek in Weimar

3.1 Geschichte, Entwicklung und Bestand der Privatbibliothek zu Goethes Lebzeiten

Eine der bekanntesten Autorenbibliotheken Deutschlands ist die von Johann Wolfgang von Goethe in Weimar, die auf eine ebenso lange wie bewegte Geschichte zurückblickt und deren Bestand stetig prosperierte. So besaß Goethe im Jahr 1788 nur circa 317 Bände, bis zu seinem Tod wuchs der Bestand jedoch auf etwa 8000 Bände an.[89] Durch vielfältige Quellen, wie seine Rechnungsbücher, ist die Entwicklung von Goethes Privatbibliothek dokumentiert. Aus den Jahren 1775 bis 1832 werden diese im Goethe- und Schiller-Archiv verwahrt und laufend ausgewertet. Sie bestehen aus zahlreichen Belegen, die etwa 25 000 Einzelblätter umfassen.[90] Eine zentrale Rolle beim weiteren Entwicklungsprozess von Goethes Bibliothek spielte die Büchersammlung seines Vaters Johann Caspar Goethe (1710–1782). Er verfügte in Frankfurt über eine beträchtliche Privatbibliothek, bei deren Erweiterung dieser im Laufe der Zeit auch die Wünsche seines Sohnes berücksichtigt haben soll.[91] Goethe benutzte sie lange als selbstverständliche Ressource.[92] Bis zum Tod des Vaters umfasste diese Sammlung fast 2000 Bände.[93] Als die Privatbibliothek nach seinem Ableben im Juni 1794 versteigert werden sollte, kam J.W. von Goethe im Vorfeld in den Besitz eines größeren Konvoluts seiner Bücher.[94] Davon wählte er etwa 350 Bände und acht Kupferstiche aus.[95]

---

[89] Vgl. Höppner, Stefan: ‚Familien-Denkmal' vs. ‚National Eigenthum'. Internationales Archiv für die Sozialgeschichte der deutschen Literatur 46.1 (2021), S. 220.

[90] Siehe für Rechnungsbücher, Kontobücher und Rechnungsbelege Goethes: GSA 34: Bestände. URL: https://ores.klassik-stiftung.de/ords/f?p=401:70:16188104002120:::RP:p_bnr,p70_region,p70_seite:34,2,1 (zuletzt aufgerufen am 20.04.2022).

[91] Vgl. Hopp, Doris/Perels, Christoph: Bey Herrn Rath Göthe auf dem Grosen Hirschgraben: Eine zahlreiche auserlesene Bibliotheck: Die Büchersammlung Johann Caspar Goethes; Ausstellung des Freien Deutschen Hochstifts Frankfurter Goethe-Museums vom 27. August bis 28. Oktober 2001. Frankfurt am Main 2001, S. 4f.

[92] Vgl. ebd.

[93] Vgl. Maisak, Petra: Die Sammlungen Johann Caspar Goethes im ‚Haus zu den drei Leyern' in Frankfurt. In: Räume der Kunst: Blicke auf Goethes Sammlungen. Hg. von Markus Bertsch/Johannes Grave. Göttingen 2005, S. 29.

[94] Vgl. Rohmann (2015), S. 40.

[95] Vgl. Maltzahn, Hellmuth von: Bücher aus dem Besitz des Vaters in Goethes Weimarer Bibliothek. In: Jahrbuch des Freien deutschen Hochstifts (1927), S. 367.

Ca. 100 Bände aus dem Konvolut befinden sich heute noch in J.W. von Goethes Bibliothek. Darunter ist auch das Manuskript von J.C. Goethes Italienreise, an dem er 25 Jahre lang arbeitete. Es war in einem leicht fehlerhaften Italienisch verfasst und wurde erst in den 1980er Jahren vollständig ins Deutsche übersetzt.

Eine erste kleine Büchersammlung legte J.W. von Goethe an, als er in das Gartenhaus im Park an der Ilm zog. Doch dies war noch keine durchdachte und bewusst angelegte Kollektion von Büchern. Es wurde auch nicht dokumentiert, zu welchem Zeitpunkt sie in seinen Besitz kamen. Erkenntnisse darüber lassen sich nur aus einigen Rechnungen ziehen, von denen abgeleitet werden kann, welcher Teil der Bände damals angeschafft wurde.[96]
Bei der Entwicklung des Bestandes spielte auch Goethes Reise nach Italien beziehungsweise seine Rückkehr eine signifikante Rolle. Kurz danach entstand ein Dokument, das die erste Bestandsaufnahme von Goethes Bibliothek ist: „Das handschriftliche Verzeichnis derjenigen Bücher, welche sich in der Bibliothek Ihres Herrn Geheimen Rath von Goethe Hochwohlgeb. vorfinden, 1788.“[97] Es wurde wahrscheinlich von Christian Georg Karl Vogel (1760–1819) verfasst, der damals als Schreiber für Goethe tätig war.[98] Darin sind 317 Bücher aufgelistet, zu denen auch mehrbändige Werke zählen. Somit ist die Privatbibliothek zu diesem Zeitpunkt deutlich kleiner als die seines Vaters oder die seiner literarischen Freunde Christoph Martin Wieland (1733–1813) und Johann Gottfried Herder (1744–1803). Diese kleine Sammlung bildete jedoch die Grundstruktur seiner späteren Bibliothek.[99] Das Profil des Bestandes umfasst Publikationen, die Goethe für seine amtlichen Tätigkeiten benötigte und die seine naturwissenschaftlichen Interessen widerspiegeln.[100] Belletristische Literatur war weniger vertreten. Die Zusammenstellung der Bibliothek bis

[96] Vgl. dazu GSA 34: Goethe, Johann Wolfgang von / Rechnungen.
[97] Vgl. Vogel, Christian Georg Karl: Das handschriftliche Verzeichnis derjenigen Bücher welche sich in der Bibliothek Ihro [sic!] Herrn Geheimden Rath von Goethe Hochwohlgeb. Vorfinden. Weimar 1788. GSA 35/N 67: Goethe, Johann Wolfgang von / Tagebücher.
[98] Vgl. Höppner (2022), S. 41.
[99] Wachsmuth, Andreas Bruno: Goethes Bibliothek: Katalog: Bearbeiter der Ausgabe Hans Ruppert. Weimarer Beiträge 4 (1958b), S. 178.
[100] Vgl. Höppner (2022), S. 42.

zu seiner Italienreise galt „als Signatur für Goethes Weltbild und Bildungskreis bis zur Reise nach Italien [...] [die,] noch nicht verwässert vom Strom mehr oder weniger zufälliger Vermehrungen durch Geschenke und Widmungen [war]“[101].

Die Sammlung erweiterte sich im Laufe der Jahre durch gezielte Käufe von Büchern, aber vor allem durch Geschenke an Goethe. Dies ist durch sogenannte Büchervermehrungslisten belegt.[102] Der Buchbestand wurde maßgeblich durch viele Einsendungen erweitert und ist daher auch als Donatorenbibliothek zu charakterisieren. Für etwa 40 % aller Bände lassen sich nach jetzigem Erkenntnisstand noch Einsender nachweisen.[103]

Einen eigenen Bibliotheksraum bekamen die Bücher erst, als Goethe in sein Haus am Frauenplan in Weimar zog. Dort waren sie in einem kleinen, länglichen Bibliotheksraum an der Südseite des Hauses untergebracht, der spätestens seit den 1790er Jahren als Bibliothek genutzt wurde. Dabei war der Bibliotheksraum Teil eines kleinen Komplexes, der aus Arbeitszimmer, Schlafkammer, der Bibliothek sowie einem Diener- und Arbeitszimmer bestand.[104]

Im Verlauf seines Lebens füllte Goethe allmählich die Wände mit Regalen, um jedem Buch einen Platz zu bieten, bis schließlich insgesamt 14 Regale vorhanden waren. Der Raum war irgendwann so gefüllt mit Büchern, dass die Verbindungstür, zum Arbeitszimmer, mit ihnen verstellt und bedeutende Werke auf Regalen im Arbeitszimmer gelagert wurden.[105]

Wie schon der Basis-Bibliotheksbestand aus der Zeit im Gartenhaus war die Auswahl der Bücher, die im Haus am Frauenplan hinzukamen, hauptsächlich von den Themenschwerpunkten seiner Arbeit geprägt. Die thematische Vielfalt der Sammlung ist hoch: Sie erstreckt sich von theologischen und juristischen Abhandlungen über Reisebeschreibungen und naturwissenschaftlichen Forschungsarbeiten bis hin zu den östlichen und europäischen Literaten und Philologen von der Antike bis in Goethes Gegenwart. Die ältesten Werke sind einige Handschriften des

---

[101] Vgl. Wachsmuth (1958b), S. 425.

[102] Vgl. Fuchs, Dieter: Bibliothek. In: Metzler Goethe Lexikon. Hg. von Benedigt Jeßing u. a. Stuttgart/Weimar u. a. 1999, S. 50.

[103] Vgl. Höppner (2022), S. 305.

[104] Vgl. ebd.

[105] Vgl. ebd. S. 45f.

Spätmittelalters. Dabei stammt der älteste Druck von 1495 und der jüngste aus Goethes Todesjahr.[106] Die größte Gruppe sind mit 1900 Katalogeinheiten die Naturwissenschaften und Mathematik, gefolgt von Archäologie und Kunstgeschichte (1093) sowie von deutscher Literatur (817). Aber auch die Philosophie (258), Philologie (373), Geschichte (455), Geographie, Karten und Reiseliteratur (426), Biographica (352) sowie Goethes eigene Werke einschließlich Sekundärliteratur (456) sind häufig vorhanden. Hinsichtlich der Verteilung der Sprachen dominieren mit 70 % deutschsprachige Drucke. Latein und Französisch sind mit etwa 10 % vertreten. Anteilig zahlenmäßig ebenfalls nennenswert sind Englisch, Italienisch und Spanisch.[107] Es ist jedoch diffizil nachzuvollziehen, welche Bücher, wann in die Sammlung kamen oder sie wieder verließen. Dies ist durch die Kataloge nur lückenhaft dokumentiert, da sie erst in Goethes letzten Lebensjahren systematisch verwaltet wurden. Der Bestand der Bibliothek wurde erstmals 1958 von Hans Ruppert katalogisiert, der etwa 7250 physische Bände in 5424 Katalognummern erfasste.[108] Zudem maß Goethe seiner Bibliothek lange wenig Bedeutung bei.[109] Während seiner ersten Jahrzehnte in Weimar war sein Interesse an der Bibliothek als geschlossener Bestand nicht sehr ausgeprägt. Vielmehr bevorzugte er es, sich der Lektüre einzelner Werke zu widmen. Der Bestand der Bibliothek wuchs zwar immer weiter an, insbesondere durch Schenkungen, aber die Zu- und Abgänge wurden nicht systematisch erfasst. Außerdem hatte Goethe ein instrumentelles Verhältnis zu seinen Büchern. Selbst in seinem ersten Testament von 1797 berücksichtigte er nur ihren materiellen und nicht ihren ideellen Wert, denn es ging ihm darum, seine Familie zu versorgen: „Es bleibt also ihr überlassen [...] auch allenfalls von meinem Mobiliar Vermögen, als Büchern Kunst und Naturalien Sammlungen einiges zu äußern anzulegen und zu verwenden".[110]

---

[106] Vgl. Krumeich (2015), S. 62.

[107] Vgl. ganzer Abschnitt Daten: Höppner (2022), S. 257f.

[108] Vgl. Höppner (2021), S. 218.

[109] Vgl. Kahl, Paul: Die Erfindung des Dichterhauses. Das Goethenationalmuseum in Weimar. Eine Kulturgeschichte. Göttingen 2015, S. 46.

[110] Goethe, Johann Wolfgang von: Testament vom 24. Juli 1797. In: Goethe, Johann Wolfgang. Sämtliche Werke nach Epochen seines Schaffens: Münchner Ausgabe. Hg. von Karl Richter et al. 21 Bde. in 33 Teilbänden. Genehmigte Taschenbuchausgabe. München 2006, hier Bd. 4.2, S. 512. Wird nachfolgend als Sigle ‚Goethe MA' abgekürzt.

Eine Revision der Privatbibliothek fand erst ab dem Jahr 1815 statt. Dabei wurde festgestellt, dass „mehrere Werke vermißt“[111] wurden, woraufhin Goethe eine Anzeige im Weimarischen Wochenblatt veröffentlichte, in der er bat, „alle diejenigen, welche aus selbiger [Bibliothek] Bücher geliehen, [...] [sollen] solche baldmöglichst in das von Goethe'sche Haus zurückliefern“[112]. Da Goethes Buchbesitz für lange Zeiträume seines Lebens nicht schriftlich festgehalten oder in bisher nicht systematisch ausgewerteten Dokumenten gelistet wurde, kann von zahlreichen weiteren Titeln, insbesondere des 18. Jahrhunderts, ausgegangen werden. Eine exakte und vollständige Dokumentation ist aber schon deshalb nicht möglich, weil aus vielen Briefen und Tagebuchstellen nicht eindeutig hervorgeht, ob Goethe die erwähnten Werke selbst besaß oder sie von anderen ausgeliehen hatte.[113] Goethe wollte möglichst vieles überliefern, das für eine postume Rezeption interessant werden konnte und richtete deshalb 1822 innerhalb der Bibliothek, ein persönliches Archiv ein und stellte einen Archivar an, so wie es Goethe in seinem Aufsatz *Archiv des Dichters und Schriftstellers* beschrieb (Vgl. Goethe MA, Bd. 41.2. S. 25–28).

> Übersah ich nun öfters die große Masse [von Papieren, S.H.], die vor mir lag, gewahrte ich das Gedruckte, teils geordnet teils ungeordnet, teils geschlossen, teils Abschluß erwartend, betrachtete ich, wie es unmöglich sei, in späteren Jahren alle die Fäden wiederaufzunehmen, die man in früherer Zeit hatte fallen lassen. [...] Die Hauptsache war eine Sonderung aller der bei mir ziemlich ordentlich gehaltenen Fächer, die mich mehr oder weniger früher oder später beschäftigten; eine reinliche ordnungsgemäße Zusammenstellung aller Papiere, besonders solcher die sich auf mein schriftstellerisches Leben beziehen, wobei nichts vernachlässigt, noch unwürdig geachtet werden sollte (Goethe MA, Bd. 14, S. 574).

Für diese Aufgabe verpflichtete Goethe Friedrich Theodor David Kräuter (1790–1856). Nach monatelanger Arbeit gelang es Kräuter ein Repertorium über die *Goethe'sche Repositur* zu erstellen. Diese Ordnungsarbeiten waren notwendige Voraussetzungen für seine literarischen und wissenschaftlichen Arbeiten der 1820er und 1830er Jahre.

[111] Anonym: Anzeige: Gesuchte Stellen oder Sachen. In: Weimarisches Wochenblatt 61. Jg., (1815) Nr. 47 vom 13.06.1815, S. 189.

[112] Ebd.

[113] Vgl. Höppner (2022), S. 259.

Dabei ging es nicht nur um Produktions-, sondern auch um Überlieferungszusammenhänge.[114] Durch Kräuters Verwaltung wurde Goethes Privatbibliothek zu einer Einheit und zu dem, was sie heute ist: Durch ihn fand eine Professionalisierung der Bibliothek mit ihren verschiedenen Funktionen statt.[115]

3.2 Funktionen der Privatbibliothek

3.2.1 Autorenbibliothek

Die Privatbibliothek Goethes erfüllt verschiedene Funktionen, eine davon ist die einer Autorenbibliothek, denn ihr Bestand repräsentiert seine Interessen und bildet seinen intellektuellen Horizont ab. Zudem ist sie von öffentlichem Interesse, da ihr Besitzer zu den bedeutendsten deutschen Autoren zählt. Sie fungiert als kulturelles Erbe der Stadt Weimar und literarischer Epochen wie der des Sturm und Drangs sowie der Weimarer Klassik. In ihr spiegeln sich die verschiedenen kulturellen, geschichtlichen und literarischen Veränderungen der Zeit wider.
Darüber hinaus hat die Privatbibliothek verschiedene Zwecke, die typisch für Autorenbibliotheken sind. In Goethes Fall fungiert sie zur Selbstinszenierung, als Arbeitswerkzeug und als Erinnerungsort. Ihr Bestand unterliegt dabei, sowohl zu Lebzeiten Goethes als auch nach seinem Tod, einer für diesen Typus charakteristischen Fluktuation.[116] So hat sie sich durch An- und Verkäufe, Geschenke, Aussonderung und Vererbung an die Erben, historische Umstände, Zensurgründe und Diebstahl kontinuierlich verändert. Goethe verlieh beispielsweise auch Bücher an Freunde, die er nicht zurückbekam und behielt nicht alle, die ihm zuschickt wurden oder die er anderweitig erwarb. Einen Teil gab er an die Herzogliche Bibliothek und an Familienmitglieder und Freunde weiter. Jene, die in der Privatbibliothek verblieben, haben den bewussten Akt der Selektion überstanden, daher kann davon ausgegangen werden, dass sie willentlich der Büchersammlung hinzugefügt worden sind.

[114] Vgl. Höppner (2022), S. 61.
[115] Vgl. ebd., S. 67.
[116] Vgl. ebd., S. 271.

Die Bibliothek ist aber auch ein Spezialfall unter den Autorenbibliotheken, da der Bestand weder aufgelöst noch verkauft, sondern innerhalb der Familie weitergegeben wurde. Ein großer Teil des Bestandes konnte erhalten bleiben und die Bibliothek an dem gleichen Standort verbleiben, an dem sie sich zu Goethes Lebzeiten befand. Überdies ist sie mit ca. 8000 Bänden im Vergleich zu den meisten anderen Privatbibliotheken der damaligen Zeit außergewöhnlich groß, was bei seinem hohen Lesepensum von ungefähr einem mittleren Oktavband pro Tag nicht verwunderlich ist. Bis zu seinem Tod besaß Goethe etwa 8000 Bände, von denen heute noch ca. 90 % vorhanden sind.[117] Der Durchschnittswert einer bürgerlichen Büchersammlung von Gelehrten der Zeit lag bei etwa 2200 Bänden.[118] Damit besaß Goethe weniger als die rund 10 000 Bände des Rokoko-Autors Johann Wilhelm Ludwig Gleim (1719–1803), aber deutlich mehr als Christoph Martin Wieland (1733–1727), aus dessen Nachlass 4161 Titel versteigert wurden.[119]

[117] Vgl. Höppner (2022), S. 271.

[118] Vgl. Streich, Gerhard: Die Privatbibliothek als Handwerkszeug des Gelehrten im 18. Jahrhundert, dargestellt am Beispiel Göttingens. In: Öffentliche und private Bibliotheken im 17. und 18. Jahrhundert: Raritätenkammern, Forschungsinstrumente oder Bildungsstätten? Hg. von Paul Raabe. Bremen u. a. 1977, S. 258.

[119] Vgl. Pott, Ute: Aus dem Geist der Freundschaft: Ein Literaturarchiv für die Nachwelt: Johann Wilhelm Ludwig Gleim als Sammler. In: Das Jahrhundert der Freundschaft: Johann Wilhelm Ludwig Gleim und seine Zeitgenossen. Hg. von Ute Pott. Göttingen 2004, S. 63.

3.2.2 Arbeitsbibliothek

Eine weitere Funktion von Goethes Privatbibliothek ist die einer Arbeitsbibliothek. Dafür sind ihr fehlender repräsentativer Zweck und bibliophiler Charakter bezeichnend. Vielmehr spiegelt ihr Buchbestand Goethes literarische, wissenschaftliche und amtliche Tätigkeiten sowie seine Interessen wider.[120] Denn der Literat behielt nur jene, die für seine diversen Arbeiten nützlich waren. Doch dies bedeutet nicht, dass er jedes Buch in seiner Bibliothek gelesen hat – er hat sie nur aus bestimmten Gründen behalten. Der instrumentale Zweck der Bibliothek ist zudem in der Ausstattung der Bücher erkennbar, da nur wenige Prachteinbände darunter sind. In Goethes Bibliothek stehen vor allem Pappbände – oft mit Wurzel- oder Steinmarmormustern. Die wenigen vorhandenen Prachteinbände sind meistens durch externe Einsender in die Bibliothek gelangt.[121] Damit sind solche gemeint, die Seideneinbände, Goldverzierungen oder einen eigens angefertigten Schuber besitzen. Der instrumentale Charakter der Bücher stand bei allem im Fokus.

Dass der Literat mit den Bänden gearbeitet hat, beweisen Provenienzmerkmale wie Anstreichungen, Marginalien oder andere Lesespuren. Um den Entstehungsprozess von Goethes Werken zu dokumentieren und zu analysieren, ist es zentral die Arbeitsspuren miteinzubeziehen, da sie wertvolle Indizien liefern. Dabei sind diese oft ungleich verteilt, selbst innerhalb der einzelnen Bände. Zudem befinden sich in den Büchern der Bibliothek wenig direkte Lesespuren, mit einigen Ausnahmen, die in dieser Arbeit später behandelt werden. Selbst zentrale Bände und nachweisbare Quellen, die Goethe beim Verfassen literarischer Werke benutzte, sind nicht Bestandteil seiner Sammlung oder sie weisen keine Bearbeitungsspuren auf. Ein Beispiel ist Goethes Exemplar von Isaac Newtons (1643–1727) *Opticks*[122], das ein zentrales Buch von Goethes Polemik in der Farbenlehre war.[123] Der Grund dafür ist, dass er seine Gedanken auf gesonderten Blättern, beziehungsweise in den Tagebüchern und Briefen

[120] Vgl. Höppner (2022), S. 262.
[121] Vgl. ebd.
[122] Vgl. Newton, Isaac: Opticks: or, a Treatise of the Reflections, Refractions, Inflections and Colours of Light. London 1730 (Ruppert 4932).
[123] Vgl. Höppner (2022), S. 263.

festhielt. Die Lesespuren verdeutlichen auch, dass die Bücher nicht nur ein Teil seiner Bibliothek waren, sondern bereits eine komplexe Vergangenheit besaßen. Bei einigen Exemplaren reicht ihre Geschichte bis ins 15. und 16. Jahrhundert zurück.

Obwohl Goethe immer viel las, hatte er ein zwiespältiges Verhältnis zum Medium Buch, was sich ebenfalls in der Bibliothek abbildet und sie zusätzlich als Arbeitsbibliothek charakterisiert. Bücher befriedigten seinen Wissensdurst nie vollständig, sie kamen seinem „gegenständlichen Denken" nicht entgegen und regten ihn „im günstigsten Fall", „zu Fragen an, die er bei ihnen nicht beantwortet fand"[124]. Aus diesem Grund war er in Bezug auf Bücher auch kein klassischer Sammler. Die Verwaltung und Professionalisierung der Bibliothek übernahm sein Privatsekretär und Bibliothekar Friedrich Theodor David Kräuter.[125] Dazu gehörten ebenso der Ankauf der Bücher und die Aufträge Goethes an das lokale Buchbindergewerbe. Diese Tätigkeiten erfüllen ebenfalls die Funktion einer Arbeitsbibliothek.

[124] Wachsmuth (1958a), S. 184.
[125] Vgl. Höppner (2022), S. 56.

3.2.3 Nachlassbibliothek

> Meine Nachlassenschaft ist so kompliziert, so mannigfaltig, so bedeutsam, nicht bloß für meine Nachkommen, sondern auch für das ganze geistige Weimar, ja für ganz Deutschland, daß ich nicht Vorsicht und Umsicht genug anwenden kann [. . .]. In diesem Sinne möchte ich diese meine Sammlungen konserviert sehen.[126]

Teil dieser Sammlung war auch Goethes Privatbibliothek, deren Funktion ebenso die einer Nachlassbibliothek ist. Das bedeutet, der Kernbestand der Bibliothek war bei seinem Tod noch vorhanden. Im Laufe der Zeit waren zwar bereits viele Bücher ausgesondert worden – Freunde und Familienmitglieder hatten welche als Andenken oder aus Zensurgründen entfernt – doch 90 % des ursprünglichen Bestandes der 8000 Bände sind noch erhalten.

Dass Goethe ein Nachlassbewusstsein besaß und er sich seines eigenen Historisch-Werdens bewusst war, ist für die Zeit ungewöhnlich gewesen. Damals interessierten sich weder Archivare, Philologen noch Autorengesellschaften für die Autorennachlässe.[127] Den literarischen und persönlichen Nachlass eines Schriftstellers systematisch zu archivieren, war nicht vorgesehen. Bis weit ins 19. Jahrhundert hinein war es die Aufgabe von Familie, Freunden oder Kollegen eines verstorbenen Autors dessen Nachlass aufzubewahren und gegebenenfalls hinterlassene Papiere zu veröffentlichen. So wurden beispielsweise die Nachlasspapiere von Johann Gleim von seinem Großneffen Friedrich Heinrich Wilhelm Körte (1776–1846) aufbewahrt und herausgegeben.[128] Goethe gehörte neben Gleim und Gotthold Ephraim Lessing (1729–1781) zu den ersten deutschen Schriftstellern, die ein deutlich formuliertes Nachlassbewusstsein besaßen und aktiv an der Gestaltung des eigenen Nachlasses beteiligt

---

[126] Goethe, Johann Wolfgang von: Die letzten Jahre. Briefe, Tagebücher und Gespräche von 1823 bis zu Goethes Tod, Teil 2. Vom Dornburger Aufenthalt 1828 bis zu Goethes Tod. Hg. von Horst Fleig. Frankfurt am Main 1993 (= Deutscher Klassiker Verlag im Taschenbuch 90), S. 335.

[127] Vgl. Sina, Kai: Nachlassbewusstsein. Zur literaturwissenschaftlichen Erforschung seiner Entstehung und Entwicklung. In: Zeitschrift für Germanistik Vol. 23, No. 3, (2013), S. 611.

[128] Vgl. Sina, Kai: Die vergangene Zukunft der Literatur: Zeitstrukturen und Nachlassbewusstsein in der Moderne. Nachlassbewusstsein: Literatur, Archiv, Philologie, 1750–2000. Hg. von Kai Sina/Carlos Spoerhase. Göttingen 2017, S. 49–74.

waren.[129] Der Dichter wollte mit der Ordnung seines Erbes sein schriftstellerisches Nachleben sicherstellen und betrieb daher eine „konsequente Politik der Selbstverwaltung“[130].

Dass es zur Ausbildung dieses Bewusstseins kam, lag vor allem an zwei Lebensereignissen: am Tod seines Freundes Friedrich Schiller (1759–1805) und am Eindringen französischer Soldaten in sein Haus am Frauenplan 1806, nach der Niederlage des preußisch-österreichischen Heeres gegen die napoleonischen Armeen bei Jena und Auerstedt. Dieser Überfall verdeutlichte Goethe, wie stark nicht nur sein Leben, sondern auch sein Besitz und sein Vermächtnis gefährdet waren. Der Tod seines Freundes erschütterte ihn, denn er fühlte sich „von allen Übeln doppelt und dreifach angefallen“ (Goethe MA, Bd. 14, S. 129).

Dieses Ereignis führte ihm seine Sterblichkeit und sein eigenes Alter vor Augen. Für Goethe war es ein Zeitpunkt, „wo man sich selbst historisch wird und die geschichtliche Einsicht überhaupt immer größern Werth erhält“[131]. Mehrere schwere Krankheiten verstärkten das Gefühl der Endlichkeit und bekräftigten Goethe in seinem Prozess, „sich selbst zum Objekt der Betrachtung [zu machen]; er [sah] sich selbst und die Geschichte des eigenen Lebens im Kontext des historischen Prozesses“ (Goethe MA, Bd. 14, S. 605). Um dies umzusetzen, wandte Goethe sich an Freunde und Weggefährten, damit er Briefe und andere schriftlichen Erinnerungen an sein Leben erhielt.[132] Dementsprechend schrieb er beispielsweise dem Dramatiker Friedrich Maximilian Klinger (1752–1831): „Bisher hatte ich die Art oder Unart gehabt, alles Vergangene eher zu vertilgen als zu bewahren. Nun mag die Zeit des Bewahrens, wenn auch zu spät, eintreten“ (Goethe WA, Bd. 22, S. 206). Zudem bat er um die Übersendung von Briefen und schriftlichen Erinnerungen.

---

[129] Vgl. Sina, Kai (2013), S. 618.

[130] Vismann, Cornelia: Akten, Medientechnik und Recht. Frankfurt am Main 2000, S. 237.

[131] Brief an Justus Friedrich Carl Hecker vom 07.10.1829. In: Goethe, Johann Wolfgang. Werke. Sophien-Ausgabe. 143 Bde. + 3 Supplementbde, hier Bd. 46. Weimar 1919, S. 96. Wird nachfolgend als Sigle ‚Goethe WA‘ abgekürzt.

[132] Vgl. Höppner (2022), S. 54.

Im Rahmen seiner „Selbsthistorisierung“[133] begann Goethe, primär für sein zukünftiges Publikum als für das gegenwärtige zu schreiben.[134] So entwickelte sich immer mehr sein Nachlassbewusstsein.[135] Goethe wurde zum Pionier einer modernen Praxis, einer „der gezielten Planung und Vorbereitung eines Nachlasses bzw. Vorlasses“[136]. Er reifte regelrecht zum „Archivar seiner Autorschaft“[137] heran. Dabei habe er nicht nur seine Amtsgeschäfte verwaltet, sondern „er verwaltete seine eigene Existenz“[138]. Dazu gehörten auch die Professionalisierung seiner Privatbibliothek, die als Nachlassbibliothek fungierte, und vor allem die Gestaltung des literarischen Weiterlebens in Form des Verfassens autobiographischer Schriften wie der *Italienischen Reise*.

---

133 Stockinger, Claudia: Das 19. Jahrhundert: Zeitalter des Realismus. Berlin 2010, S. 255.

134 Vgl. Zanetti, Sandro: Sich selbst historisch werden: Goethe – Faust. In: Schreiben heißt: Sich selber lesen: Schreibszenen als Selbstlektüren. Hg. von Davide Giuriato u. a. München 2008, S. 88f.

135 Vgl. Sina (2013), S. 608.

136 Sina (2017), S. 55.

137 Kittler, Friedrich: Goethe I: Lullaby of Birdland. Dichter – Mutter – Kind. München 1991, S. 104.

138 Curtius, Ernst Robert: Goethes Aktenführung. Kritische Essays zur europäischen Literatur. In: Romanische Forschungen Vol. 67 (1) (1955), S. 66.

4. Goethes *Italienische Reise* im Spiegel seiner Privatbibliothek

4.1 Entstehungsgeschichte, Inhalt und Schreibprozess der *Italienischen Reise*

Die Grundlage für die spätere gedruckte Version der *Italienischen Reise* von 1816, bildete das *Tagebuch der Italienischen Reise*, in dem Goethe die Reiseerlebnisse von 1786 bis 1788 niederschrieb und das nur für Charlotte von Stein gedacht war. Schon in den ersten Wochen und Monaten seiner Italienreise fasste Goethe den Plan, nicht nur seinem Freundeskreis von seinen Erfahrungen zu berichten, sondern auch anderen Interessierten. So bat er Frau von Stein in einem Brief, das Tagebuch abzuschreiben und dabei „Dus in Sies [zu] verwandeln", und sie sollte weglassen, was nur sie betraf: „so fänd ich, wenn ich wiederkomme, gleich ein Exemplar, in das ich hinein korrigieren und das Ganze in Ordnung bringen könnte."[139] Goethe hatte die Absicht, ein brauchbares Handbuch mit Beobachtungen und hilfreichen Bemerkungen für Italienreisende zu schaffen.

Goethes Italieninteresse wurde schon in seiner Jugend im Elternhaus geweckt: So empfand zum einen sein Vater eine große Leidenschaft für Italien, absolvierte eine Kavalierstour dorthin, brachte viele italienische Kunstwerke mit nach Frankfurt und verfasste einen italienischen Reisebericht. Zum anderen prägte Goethes Italienischlehrer Giovinazzi ihn maßgeblich.[140]

Italien war besonders in der Frühen Neuzeit ein Sehnsuchtsort vieler Deutscher. Dabei erreichte die sprichwörtliche ‚Italiensehnsucht' ihren vorläufigen Höhepunkt im 18. und beginnenden 19. Jahrhundert.[141] Diese hegte auch Goethe, dessen Lebenstraum es war, nach Italien zu reisen. Reisen war vor allem im 18. Jahrhundert bei Männern des Adels und des gehobenen Bürgertums, im Rahmen ihrer Kavalierstour, sowie

---

[139] Brief an Charlotte von Stein, Venedig, 14.10.1786. In: Goethe, Johann Wolfgang: Briefe: Historisch-kritische Ausgabe. Hg. von Georg Kurscheidt u. a. Bd. 7 Berlin/Boston 2012, S. 9. Wird nachfolgend als Sigle ‚Goethe B' abgekürzt.

[140] Vgl. Landfester, Ulrike: Johann Wolfgang Goethe. Autobiographische Schriften. In: Kindlers Literatur Lexikon. Bd. 3. Hg. von Heinz Ludwig Arnold. Stuttgart 2009, S. 608.

[141] Vgl. Aurnhammer, Achim: Italien In: Goethe-Handbuch. Hg. von Bernd Witte/Theo Buck u. a. Bd. 4.1. Stuttgart 1998, S. 546. Vgl. zur Italiensehnsucht allgemein und die Italiensehnsucht bei Goethe auch: Maurer, Golo: Heimreisen: Goethe, Italien und die Suche der Deutschen nach sich selbst dazu auch. Hamburg 2021.

als Instrument zur Vollendung der Bildung keine Seltenheit und gehörte zur Kultur der vornehmen Gesellschaft. Etwa 230 Kavalierstouren sind zwischen 1750 und 1800 nachweisbar. Goethe wollte sich zwar genauso wie seine Vorfahren weiterbilden, die Tradition der Kavalierstour fortführen und seine Werke *Iphigenie, Emont, Tasso* und *Faust* fertigstellen. Doch die Hauptmotive seiner Reise waren von tieferer Bedeutung und komplex, denn für Goethe war seine Reise nach Italien eine Flucht – ein Ausbruch aus der Krise seines Dichtertums – aus den beengten und festgefahrenen Weimarer Verhältnissen mit all den amtlichen Angelegenheiten, Verpflichtungen und der aussichtslosen Beziehung zu Charlotte von Stein.[142] Er betonte selbst, dass seine „Reise eigentlich eine Flucht war vor allen den Unbilden, die ich unter dem einundfünfzigsten Grade erlitten, daß ich Hoffnung hatte, unter dem achtundvierzigsten ein wahres Gosen zu betreten"[143].

Der Dichter hoffte, durch die Reise ins klassische Italien der griechisch-römischen Kultur eine geistig-künstlerische ‚Wiedergeburt' zu erleben, „eine Umwandlung seiner selbst"[144], und aufgrund dieses Schrittes zu neuer Schaffenskraft durch Selbstbildung zu gelangen. Er wünschte, seine „Existenz ganzer zu machen"[145]. Zudem wollte Goethe durch das Eintauchen in die lebenssprühende und inspirierende mediterrane Welt der Antike, der Renaissance; der Kunst und Architektur; der Musik und des Theaters, aber auch der wechselnden Eindrücke von Landschaften, Städten, Fauna, Klima und Pflanzenwelt die Vertiefung und Steigerung des Lebensgefühls erreichen.[146] Durch die Betrachtung der antiken Originalwerke, der Arbeiten Raffaels und Michelangelos sowie der Bauten Palladios erschloss Goethe sich die Gesetze der antiken Kunst. Hinzu kam das Studium der Werke Johann Joachim Winckelmanns (1717–1768) und viele inspirierende Kontakte mit anderen Künstlern, die diese ‚Wiedergeburt' als Künstler begünstigten.

---

[142] Vgl. Wilpert, Gero von: Italienische Reise. In: Goethe-Lexikon. Hg. von Gero von Wilpert. Stuttgart 1998, S. 518.

[143] Goethe, Johann Wolfgang von: Goethes Italienische Reise Teil 1. Texte. Hg. von Christoph Michel/Hans-Georg Dewitz. Berlin (= Deutscher Klassiker Verlag im Taschenbuch 48), S. 24ff. Wird nachfolgend als Sigle ‚Goethe IR 1' abgekürzt.

[144] Brief an Charlotte von Stein, Rom 17.01.1787. In: Goethe B, Bd. 7 I, S. 91.

[145] Brief an Carl August, 02.09.1798, In: Goethe B, Bd. 13, S. 22.

[146] Vgl. Maurer (2021), S. 20.

Goethe reiste insgesamt 653 Tage und legte dabei etwa 5000 Kilometer zurück. Am 18. Juni 1788 kam der Dichter wieder in Weimar an. Italien bescherte Goethe all das, wonach er gesucht hatte, und schließlich auch die ersehnte Selbstfindung und Erneuerung. In diesem Sinne schrieb er im März 1788 an Herzog Carl August: „Ich habe mich in dieser anderthalbjährigen Einsamkeit selbst wieder gefunden, aber als was? – Als Künstler.“[147]

Doch die Reflexion seiner Italienerfahrung bzw. seiner italienischen Selbstfindung nahm eine lange Zeit in Anspruch. Goethe bearbeitete zwischen 1813 und 1817, neben seinen eigenen Aufzeichnungen, viele andere Materialien, Dokumente, Bücher und Tagebuchaufzeichnungen aus dem Umfeld seines Aufenthalts. Sodass er seine *Italienische Reise* in drei Teilen 1816, 1817 und 1829 den *Zweiten Römischen Aufenthalt* veröffentlichen konnte. Das geschah im Rahmen seiner Autobiographie *Aus meinem Leben*, deren erste Abteilung *Dichtung und Wahrheit*[148] 1811 publiziert wurde. Daher unterschied sich seine Erzählung grundsätzlich von zahlreichen Reisebeschreibungen anderer Italienreisenden, die dem Typus der enzyklopädischen Reise entsprachen, etwa der Reisebericht seines Vaters. Goethes Erzählung ist vielmehr geprägt von einer persönlichen, individuellen und subjektiven Sicht auf Italien und erzählt von der Selbsterfahrung sowie der Wahrnehmung der italienischen Kunst und Natur.

Der Gelehrte verschriftlichte seine Erfahrung erst so spät, weil er nach seiner Rückkehr zunächst kein Interesse mehr daran hatte, wie er Herder schrieb: „Die Abschrift meines Reise-Journals gäbe ich höchst ungern aus Händen; meine Absicht war es, sie ins Feuer zu werfen [...] Es ist im Grunde sehr dummes Zeug, das mich jetzt anstinkt.“[149]
Das Interesse erwachte erneut durch zwei Faktoren: Erstens durchlief er einen Reifungsprozess, der nötig war, um den Text nach der Überarbeitung zu einer absichtlichen Komposition zu gestalten. Zweitens geschah

---

[147] Brief an Herzog Carl August, 17./18.03.1788. In: Goethe B, Bd. 7 I., S. 256.

[148] Goethe, Johann Wolfgang von: Dichtung und Wahrheit. Text und Kommentar. Hg. von Klaus-Detlef Müller. Frankfurt am Main 2018 (= Deutscher Klassiker Verlag im Taschenbuch 15). Wird nachfolgend als Sigle ‚Goethe DW‘ abgekürzt.

[149] Brief an Johann Gottfried Herder, Weimar Anfang August 1788. In: Goethe B, Bd. 8 I, S. 16.

dies durch Goethes Projekt seiner Lebensdarstellung – seiner Werk- und Nachlasspolitik. Da Goethe auch „um die Sicherung [seines] literarischen und biografischen Nachlasses für künftige Zeiten und um die Brauchbarkeit desselben“[150] besorgt war, wollte der Dichter nicht nur seinen eigenen Nachlass sowie Nachruhm verwalten und beeinflussen, sondern auch sein literarisches Weiterleben nach dem Tod.

Um dies zu erreichen, verfasste er unter anderem autobiographische Schriften wie die *Italienische Reise*. Damit setzte er das Transzendenzkonzept um, das nicht eines einer religiösen Hinterwelt war, sondern vielmehr suchte das Universalgenie nach alternativen Formen von Unsterblichkeit und Transzendenz in der Literatur. Dabei fungierten seine Werke als ein Vermächtnis an die Zukunft und agierten auf diese Weise als eine Art Hinterwelt.[151] So konnte Goethe sein posthumes Bild mitgestalten, denn es ging ihm vor allem darum, dieses in der Nachwelt zu beeinflussen, nicht um das Beschreiben einzelner Lebensabschnitte.[152] Das wird auch dadurch ersichtlich, dass im Erstdruck von 1816 und 1817 der Titel noch *Aus meinem Leben. Zweite Abteilung. Erster und Zweiter Teil* hieß, was den autobiographischen Charakter unterstrich.[153] Der Reisebericht entstand prospektivisch, als anklingende Selbstperiodisierung der literarischen Entwicklung: „Ich habe alsdann eine Hauptepoche zurückgelegt, rein geendigt, und kann wieder anfangen und eingreifen, wo es nötig ist.“[154]

Den heutigen Titel *Italienische Reise* erhielt der Reisebericht erst in der *Ausgabe Letzter Hand* von 1827. So wurde es die Abbildung einer Bildungserfahrung in Italien, die aber immer eine persönlich-subjektive Dimension von Goethes Italienerfahrung aufweist und einen programmatischen Charakter besitzt. Zudem wurde Goethe bei der Entstehung seines Reiseberichtes, durch viele andere Werke, die er im Laufe der Reise las,

---

[150] Goethe, Johann Wolfgang an Christoph Ludwig Friedrich Schultz, 03.07.1824. In: Goethe WA 38, S. 183.

[151] Werle, Dirk: Nachlass, Nachwelt und Nachruhm um 1800. Am Beispiel Johann Wolfgang von Goethes. In: Kai Sina und Carlos Spoerhase: Nachlassbewusstsein. Literatur, Archiv, Philologie. 1750–2000. Göttingen 2017 (= Marbacher Schriften 13), S. 120.

[152] Vgl. Bülow (2017), S. 77.

[153] Vgl. Einem, Herbert von: Goethe-Studien. München 1972, S. 66.

[154] Brief an Herzog Carl August, Rom, den 11. August 1787. In: Goethe, Johann Wolfgang von: Tagebuch der Italienischen Reise 1786. Notizen und Briefe aus Italien mit Skizzen und Zeichnungen des Autors. Hg. von Christoph Michel. 2021, S. 221.

erwarb oder später auslieh, beeinflusst. Welche das waren, welche Relevanz sie hatten und was die darin enthaltenen stiftlichen Lesespuren verraten, wird im nächsten Kapitel dargelegt.

4.2 Die Rolle der Bücher aus der Privatbibliothek Goethes auf den Schreibprozess der *Italienischen Reise*

4.2.1 Volkmanns *Historisch-kritische Nachrichten von Italien*, Band 3

Bei der Beantwortung der Frage, inwieweit die Privatbibliothek Goethes als ein Spiegel der *Italienischen Reise* fungiert, ist es erforderlich, ausgewählte Bücher zu untersuchen sowie zu examinieren, ob sie Spuren des Leseprozesses aufweisen. Wenn dies der Fall ist, wird geprüft welche das sind und inwieweit eine Relation mit dem eigentlichen künstlerischen Prozess Goethes beim Verfassen der *Italienischen Reise* vorliegt.
Prädestiniert für diese Betrachtung sind die Reiseführer *Historisch-kritische Nachrichten von Italien* erschienen 1770/71. Der Autor Johann Volkmann (1732–1803) war ein Schriftsteller und Reisender, der nach dem Studium der Mathematik und der älteren sowie neueren Sprachen in Leipzig nach Italien reiste, wo er sich eineinhalb Jahre aufhielt. Im Jahr 1758 lernte er in Rom Mengs sowie Winckelmann kennen und stand mit Letzteren nach seiner Italienreise im Briefwechsel. Sein dort erworbenes Wissen schrieb er schließlich in Form eines Reiseführers nieder. Dieser bietet eine genaue Beschreibung des Landes, der Sitten, der Gebräuche, der Ökonomie, des Zustands der Wissenschaften und insbesondere der Werke der Kunst nebst einer Beurteilung und Hinweisen zum Erlernen der Sprache. Volkmann verfasste den Reisebericht für Bildungsreisende aus höheren Schichten: „Da die Beschreibung der Werke der Kunst, und vorzüglich der Gemälde, bey den meisten eine Hauptursache der Reise nach Italien ist, so haben wir uns auch am ausführlichsten dabey aufgehalten." (Volk I 3, S. 6). Durch den Reisebericht aktualisierte Volkmann die Kenntnisse des deutschsprachigen Raums über die Apenninhalbinsel im Geiste des europäischen Neoklassizismus. Er entwickelte sich zu einem der bekanntesten und einflussreichsten deutschen Reiseführer des

späten 18. Jahrhunderts, der neben Goethe auch viele weitere bedeutende Reisende wie Heinse, Herder und Moritz verwendeten.[155]

Den dreibändigen Reisebericht nutzte Goethe auf seiner Reise vielfach als literarischen Reiseführer, wie er Charlotte von Stein in seinem Reisetagebuch mitteilte: „Ich will fortfahren fleißig zu schreiben, nur schaffe dir Volkmanns Reise nach Italien an [...], ich will immer die Seite anführen und thun als wenn du das Buch gelesen hättest" (Goethe TB 1, S. 580). Jenes Tagebuch war die Grundlage für die später geschriebene *Italienische Reise*, indem Volkmann der meistzitierte Autor ist. Goethe verweist direkt auf Volkmanns Reiseführer und nennt häufig spezifische Seitenzahlen. Goethe setzte damit nicht nur die Kenntnis dieses Quelltextes voraus, d. h. des jeweils ortsbezogenen Kapitels bei Volkmann, sondern er wünschte auch einen eingehenden Vergleich zwischen der Quelle und seinen eigenen ergänzenden, korrigierenden, beistimmenden oder ablehnenden Bemerkungen.[156]

Der dritten Band der *Historisch-kritischen Nachrichten von Italien* ist ein hochwertiges, in Leder gebundenes Buch, das einen roten Farbschnitt hat. In goldenen Lettern sind der Name des Autors, der Titel und die Bandzahl auf dem Buchrücken eingeprägt. Im Inneren des Bandes befindet sich ein Exlibris von Goethe, das von unbekannter Hand eingeklebt wurde, darauf steht: „Aus dem Nachlasse des Staatsministers Dr. Johann Wolfgang von Goethe".
Diese edle Ausstattung des Buches ist eine Besonderheit bei den Büchern der Privatbibliothek, da die meisten schmucklose Einbände haben. Das lässt sich dadurch erklären, dass wahrscheinlich der Vorbesitzer – Karl Ludwig von Knebel – sich für diese entschied.[157] Goethe betrachtete seine Bücher als Arbeitsmaterialien und hielt eine kostbare Ausstattung daher

---

[155] Vgl. Adam, Wolfgang: Kanon und Generation. Der Torso vom Belvedere in der Sicht deutscher Italienreisender des 18. Jahrhunderts. In: Euphorion, Bd. 97 (2003), S. 424.

[156] Goethe, Johann Wolfgang von: Tagebücher 1775–1787. Kommentar. Historisch-kritische Ausgabe. Bd. 1,2. Hg. von Wolfgang Albrecht und Andreas Döhler. Stuttgart/Weimar 1998, S. 629.

[157] Goethe erhielt den Italienführer von Karl Ludwig von Knebel und stellte ihn nach der Reise in seine Bibliothek ein.

lange nicht für notwendig. Folianten mit einer entsprechenden Aufmachung stammen meistens von Einsendern.[158]
Im Reiseführer befinden sich einige Lesespuren, die im Katalog der Anna Amalia Bibliothek[159] und in Hans Rupperts Katalog vermerkt sind.[160] Davon sind 19 und die beiden handschriftlichen Notizen auf den Vorsatzpapieren und das Exlibris aufgeführt. Es ist markant, dass Ruppert nur die Marginalien, nicht aber andere Lesespuren nennt. Das lässt sich vermutlich dadurch erklären, dass er die Marginalien für zentraler hielt und auch hauchzarte Anstreichungen darunter sind, die der fast blinde Ruppert leicht hätte übersehen können. Bei der Überprüfung des Originals zeigte sich jedoch, dass 38 Lesespuren vorhanden sind und nicht nur 19. Von den 38 stiftlichen Lesespuren lassen sich in der *Italienischen Reise* wiederum 22 inhaltliche Parallelen entdecken.

Hierbei kommen zwei Arten von Lesespuren vor: die verbalen und nonverbalen. Die erste Art sind die verbalen Lesespuren – die allographen Marginalien, die in diesem Band mit einer substanziellen Anzahl von 21 vorherrschend sind. Darunter sind sowohl endozentrische als auch exozentrische, die in Form von Lexemen sowie Datumsangaben auftauchen. Von den Marginalien ist eine mit Tinte, eine mit einem Rötelstift und 19 sind mit Bleistift verfasst. Die meisten Marginalien, 17 Stück, sind Datumsangaben. Diesbezüglich gibt es bei 13 Marginalien eine Übereinstimmung mit dem Inhalt der *Italienischen Reise*. Dabei sind es mehrheitlich Beschreibungen von Orten, die Goethe während seiner Reise besuchte.
Im Verlauf des Vergleichs mit dem literarischen Text Goethes zeigte sich, dass es bei vielen Datumsangaben Kongruenzen bezüglich des Zeitpunktes und seines Aufenthalts in Italien sowie der damit verbundenen literarischen Verarbeitung gibt: Zum Beispiel hat Goethe in Volkmanns Buch unter der Überschrift „Paduas Geschichte“ mit Bleistift die Marginalie „26. S.“ geschrieben (Volk I 3, S. 638). Im Vergleich mit der *Italienischen*

---

[158] Vgl. Höppner (2022), S. 30.
[159] Vgl. Herzogin Anna Amalia Bibliothek Weimar: Goethes Bibliothek Online. Historisch-kritische Nachrichten von Italien, Bd. 3. URL: https://opac.lbs-weimar.gbv.de/DB=2.5/SET=7/TTL=3/SHW?FRST=1 (zuletzt aufgerufen am 10.05.2022).
[160] Vgl. Ruppert (1958), S. 317 (Ruppert 2184 (3)).

Reise fällt auf, dass der Reisende tatsächlich am 26. September abends in Padua ankam (Vgl. Goethe IR 1, S. 63).

Beyspiel gehabt haben *).

Amphitheater. Das merkwürdigste Gebäude in Verona ist das alte Amphitheater **), welches mit dem zu Rom viel ähnliches hat, aber weit besser erhalten ist,

Abb. 1: Marginalie, Bleistift von J. W. von Goethe. In: Volk I 3, S. 690.

Eine weitere edukative Datumsangabe, „14. S", schrieb Goethe zart mit Bleistift auf eine Seite im Kapitel über Verona, neben „Amphitheater" (Volk I 3, S. 690). Im Text neben der Marginalie heißt es: „Das merkwürdigste Gebäude in Verona ist das alte Amphitheater, welches mit dem zu Rom viel ähnliches hat, aber weit besser erhalten ist" (Volk I 3, ebd.). Wird dies mit der *Italienischen Reise* verglichen, fällt auf, dass Goethe dort am gleichen Tag das Amphitheater zumindest erwähnt:

> Als ich jedoch des Amphitheaters zu Verona erwähnte, das man im Lande unter dem Namen Arena kennt, sagte der Aktuarius, der sich unterdessen besonnen hatte, das möge wohl gelten, denn jenes sei ein weltberühmtes römisches Gebäude, an diesen Türmen aber sei nichts Merkwürdiges, als dass es die Grenze zwischen dem Gebiete Venedigs und dem österreichischen Kaiserstaate bezeichne und deshalb nicht ausspioniert werden solle (Goethe IR 1, S. 36).

Goethe widerspricht in diesem Zitat Volkmanns Aussage, das Amphitheater sei „das merkwürdigste Gebäude in Verona", denn für ihn „sei nichts Merkwürdiges" daran.

Im Verlauf der Untersuchung wird es noch öfters vorkommen, dass Goethe den Aussagen Volkmanns widerspricht oder sie bestätigt. Dies geschieht entweder als Marginalie direkt an der Quelle, später in der literarischen Verarbeitung oder sowohl in der Quelle als auch in seinem eigenen Text, denn „der gute und so brauchbare Volkmann nötigt [ihn], von Zeit zu Zeit von [seiner] Meinung abzugehen" (Goethe IR 1, S. 355). Doch ob Goethe auch tatsächlich im Amphitheater war, geht auf den ersten Blick nicht aus dem Text hervor. Erstmals spricht Goethe ausführlich über seinen Besuch dort unter dem Eintrag vom 16. September.

An dieser Stelle beschreibt er detailliert die architektonische Beschaffenheit des Theaters und das Stück, das er sah:

> Das Amphitheater ist also das erste bedeutende Monument der alten Zeit, das ich sehe, und so gut erhalten! Als ich hineintrat, mehr noch aber, als ich oben auf dem Rande umherging, schien es mir seltsam, etwas großes und doch eigentlich nichts zu sehen“ (Goethe IR 1, S. 44).

Aber worauf bezieht sich diese Marginalie dann? Bis jetzt deuteten die Datumsangaben auf einen Besuch zum selben Zeitpunkt der Lesespur hin. Ein Blick in die Tagebücher gibt Aufschluss darüber: „[...] kam ich gegen 1 Uhr den 14. Sept. in gewaltiger Hitze hier in Verona an, wo ich dir dieses noch schreibe. das [sic!] zweite Stück schliese [sic!], hefte und dann gehe das Amphitheater zu sehen“ (Goethe TB 1, S. 198). Diese Zeilen lassen die Vermutung zu, dass Goethe bereits am 14. September das Amphitheater gesehen hat – wenigstens von außen – was die Marginalie erklären würde. Am 16. September folgte dann die genaue Betrachtung und Besichtigung von innen.

1354. an, und wohneten darinn. Es liegen ei=
nige Soldaten in denselben, allein in Kriegszeiten
hat die Stadt gemeiniglich eine Besatzung von
sieben bis achttausend Mann.
Verona hat sechs und eine halbe Meile im
Umfange, und vier Thore, welche von guter Archi=
tektur sind. Das fünfte und schönste von allen
ist

Abb. 2: Marginalie, Bleistift von J. W. von Goethe. In: Volk I 3, S. 687.

Eine Besonderheit des Korpus der Datumsangaben ist eine Marginalie aus der Kombination von Zahlen und Wörtern, die Goethe mit einem dünnen Bleistift schrieb. So notierte er auf einer Seite des Kapitels über Verona, auf der der architektonische Zustand der Stadt beschrieben wird, nicht nur „14.15“, sondern auch „nicht sonderlich“ (Volk I 3, S. 687).
Auf der theoretischen Ebene handelt es sich hierbei um eine expressiv-rezeptive Lesespur, da es ein Kommentar ist und Goethe damit eine

gewisse Emotionalität ausdrückt, indem er eine unmittelbar abwertende Lesereaktion zeigt.
Die inhaltliche Ebene betrachtend, könnten die beiden Zahlen sich darauf beziehen, dass Goethe in der Nacht vom 14. auf den 15. September in Verona ankam, wie es in seiner *Italienischen Reise* steht. Sein Kommentar „nicht sonderlich“ bei Volkmann bezieht sich auf folgende Stelle: „Verona hat sechs und eine halbe Meile im Umfang und vier Tore, welche von guter Architektur sind“ (Volk I 3, S. 687). In der *Italienischen Reise*, ist passend zu Goethes Randkommentar über Veronas Zustand, etwas Gegenteiliges zu Volkmanns Text zu finden:

> Ich machte ihn und das Volk aufmerksam auf den Verfall dieser Türme und dieser Mauern, auf den Mangel von Toren, kurz auf die Wehrlosigkeit des ganzen Zustandes und versicherte, ich habe hier nichts als eine Ruine zu sehen und zu zeichnen gedacht (Goethe IR 1, S. 35).

Hier erwähnt Goethe explizit den schlechten Zustand der Stadt, indem er vom „Verfall“, dem „Mangel von Toren“ und der „Wehrlosigkeit“ der Stadt spricht und damit Volkmanns Schilderungen widerspricht. Die Ähnlichkeiten zwischen der Quelle und der späteren literarischen Verarbeitung sind so frappierend, dass die Vermutung nahe liegt, dass sein Kommentar einen bestimmten Zweck hatte, er nicht zufällig entstanden ist und im direkten Bezug mit dem Entstehungsprozess der *Italienischen Reise* steht. Die Marginalie ist ein Indiz für die intensive Auseinandersetzung des Literaten mit der Passage und dass er sie wahrscheinlich hinterließ, nachdem er sich von dem Zustand der Stadt selbst überzeugen konnte. Die Entstehung der Marginalie vor der Reise ist unwahrscheinlich, da sie auf eine persönliche Erfahrung hindeutet. Sie entstand entweder während der Reise oder nach Goethes Weimar-Rückkehr. Über den genauen Zeitpunkt kann nur spekuliert werden, da er sich nicht exakt bestimmen lässt.

Abb. 3: Marginalie, Bleistift von J. W. von Goethe. In: Volk I 3, S. 693 und S. 696.

Eine weitere Marginalie ist die Zahl ‚15', die ebenfalls als Datumsangabe zu deuten ist. Sie taucht vier Mal im Text auf – mal mit Punkt dahinter, mal ohne – und das nur im Kapitel über Verona. Beispielhaft sind zwei dieser Marginalien oben abgebildet. Wird versucht, jeweils den Inhalt bei Volkmann neben dieser Art von Marginalie mit Goethes Reisebericht abzugleichen, fällt dies zunächst schwer, weil die Geschehnisse des 15. Septembers nicht in der gedruckten Version der *Italienischen Reise* vorkommen. Doch im Tagebuch ist eine kurze Passage zu diesem Tag zu finden, deren Zeilen sich direkt an Charlotte von Stein richten. Darin bittet er sie, sich Volkmanns Reiseführer anzuschaffen und äußert sich zum Zweck des Tagebuches:

> Ja, meine Geliebte hier bin ich endlich angekommen [...]. Schon siehst du das Format meines Tagebuchs andert [sic!] sich und der Inhalt wird sich auch ändern. Ich will fortfahren fleißig zuschreiben, nur schaffe dir Volckmanns Reise nach Italien, etwa von der Bibliothek, ich will immer die Seite anführen und thun als wenn du das Buch gelesen hättest. Seit gestern Mittag bin ich hier, und habe schon viel gesehen und viel gelernt. Nach und nach will ich meine Gedanken niederschreiben (Goethe TB 1, S. 209).

Warum hat Goethe die Zeilen und die Erlebnisse des Tages aus dem gedruckten Exemplar eliminiert? Wollte er vielleicht bewusst Verweise auf Volkmanns Reisebericht tilgen und die Tatsache, dass er sich von diesem inspirieren ließ, verschleiern? Denn in Volkmanns Reisebericht liegen von diesen fünf Marginalien vier Übereinstimmungen mit dem Inhalt der *Italienischen Reise* vor, nur dass diese an anderen Daten von Goethes Aufenthalt zu finden sind und die Verweise auf Volkmann fehlen. Bedeutet dies, er hat nicht nur Passagen gelöscht, sondern den Text so stilisiert, dass er Erlebnisse auf andere Tage geschoben hat? Der Passus neben

„15“, auf der Seite 693 untermauert die Theorie: „Von den Galerien geht man in das Theater, dessen aufwendige Vorderseite eine schöne Kolonnade von sechs großen ionischen Säulen hat“ (Volk I 3, S. 693).
Bei der Betrachtung von Goethes Text fällt auf, dass er die Galerie ebenfalls erwähnt, allerdings erst am 16. September: „Auch die Galerie, die den Vorhof einfasst, ist kleinlich, und die kannelierten Dorischen Zwerge nehmen sich neben den glatten Jonischen Riesen armselig aus“ (Goethe TB 1, S. 46). Fungierten die von Goethe hingeschriebenen Datumsangaben bei Volkmann also nur als eine Art Reiseplanung und er besuchte die Schauplätze an den davon abweichenden Tagen, die er in der *Italienischen Reise* nennt? Das scheint unwahrscheinlich, weil er die Erlebnisse, unmittelbar nachdem sie stattfanden, in das Tagebuch schrieb und damals noch nicht die Absicht hatte, ein Reisebericht zu publizieren. Warum sollte er also die Daten der Erlebnisse vertauscht haben? Es ist auch möglich, dass die „15.“ nicht für ein Datum steht, sondern eine ganz andere Bedeutung hat. Am wahrscheinlichsten scheinen die bewusste Stilisierung und Verschiebung, da es zu dem bereits gewonnenen Eindruck bei der Entstehung der *Italienischen Reise* passt und das Bild vervollständigt. Diese offenen Fragen zeigen auch, dass sich letztendlich nicht alles beantworten lässt. Oft erlauben die gefundenen Indizien nur plausible Theoriebildungen.

Weitere Übereinstimmungen mit den Datumsangaben, dem Inhalt und dem Zeitpunkt des Aufenthalts haben sich bei Ferrara („16. Octbr.“), Vincenza („19. Sept.“) und Verona („14. Sept.“, „14.15“, „15.“) gezeigt. Dabei ist auffällig, dass die meisten Datumsangaben im Kapitel über Verona (14 Marginalien) gefunden wurden und sich bei diesen auch die häufigsten inhaltlichen Parallelen mit den Informationen in Volkmanns Text und denen in Goethes Reisebericht ergeben haben.
Die drei Datumsangaben, die keine inhaltlichen Übereinstimmungen zeigen, befinden sich alle im Kapitel über Verona, das aber grundsätzlich schon viele Lesespuren und inhaltliche Übereinstimmungen aufzeigt. Eine dieser Datumsangabe ist „14. S.“ (Volk I 3, S. 687). Wie schon festgestellt wurde, war Goethe an diesem Tag in Verona. Die Marginalie befindet sich an der Stelle, an der Volkmann verschiedene Schlösser in Verona beschreibt. Doch explizit diese Schlösser finden in Goethes

literarischem Werk keine Erwähnung. Entstand die Notiz vor seiner Reise? Plante er dorthin zu reisen, aber schaffte es nicht? War er trotzdem dort und erwähnte es lediglich nicht? Dies lässt sich ohne weitere Quellen nicht beantworten und die Durchsicht der *Italienischen Reise*, der Tagebücher, Briefe und Rechnungen lieferte keine Anhaltspunkte für die Beantwortung dieser Fragen. In diesem Zusammenhang muss jedoch deutlich gemacht werden, dass es in diesem Buch sowie in allen anderen Büchern aus Goethes Privatbibliothek viele Stellen gibt, die er gelesen hat, die aber keine Lesespuren aufweisen und trotzdem inhaltlich in die *Italienische Reise* flossen.
Doch wann und warum hat er diese Datumsangaben in das Buch geschrieben? Eine Hypothese, die bei dieser Analyse erarbeitet wurde ist, dass er als Vorbereitung auf seine Reise einen Reiseplan erstellte, wann er welche Stadt besuchen wollte. Oder er schrieb sie hinein, nachdem er die Städte besucht hatte, um sich später für seine literarischen Pläne daran zu erinnern. Das wirft wiederum die Frage auf, warum Goethe nur an manchen Stellen die Daten notierte und nicht bei allen Städten, die er besuchte. Die dritte Hypothese ist, dass er sie Jahre später hineinschrieb, bei der erneuten Lektüre im Zuge des Entstehungsprozesses der *Italienischen Reise*, als gedankliche Stütze. Alle Hypothesen sind durch die genannten Beispiele plausibel, doch bleiben sie Vermutungen, da es keine eindeutigen Beweise, für die eine oder andere Theoriebildung gibt.

Den Großteil der Lesespuren hat Goethe mit Bleistift vorgenommen, den dieser vorzugsweise bei der Arbeit verwendete wie er beispielsweise in *Dichtung und Wahrheit* erwähnt:

> Ich war so gewohnt mir ein Liedchen vorzusagen, ohne es wieder zusammen finden zu können, daß ich einigemal an den Pult rannte und mir nicht die Zeit nahm einen quer liegenden Bogen zurecht zu rücken, sondern das Gedicht von Anfang bis Ende [...] in der Diagonale herunterschrieb. In eben diesem Sinne griff ich weit lieber zu dem Bleistift, welcher mir willig die Züge hergab; denn es war mir einige Mal begegnet, daß das Schnarren und Spritzen der Feder mich aus meinem nachtwandlerischen Dichten aufweckte, mich zerstreute und ein kleines Produkt in der Geburt erstickte (Goethe DW, S. 733).

Bleistifte eröffneten aufgrund ihrer materiellen Eigenschaften eine Möglichkeit für spontane Notizen und Anstreichungen ohne lange

Vorlaufzeit. Jedoch befinden sich in diesem Band auch Marginalien, die mit anderen Schreibwerkzeugen entstanden sind, wie Feder und Rötelstift. Marginalien sind nicht nur in diesem Buch in der Minderheit, sondern auch in den anderen Büchern von Goethes Bibliothek.[161]

Auf dem Rückwege von dieser Kirche kann man eine andere jenseits des Kanals schräg gegen über liegende besehen. Sie gehört seit 1621. den Dominikanern, heißt aber noch J Gesuati, weil sie den Jesuiten vor ihrer Verjagung im Jahre 1669. gehörte. Sie ist prächtig und reich. Viele

Gesuati.

Abb. 4: Marginalie, schwarze Tinte von J. W. von Goethe. In: Volk I 3, S. 573.

Doch es gibt diese Ausnahmen: eine davon ist die oben abgebildete, mit Feder und schwarzer Tinte verfasste Marginalie „Gesuati" (Volk I 3, S. 573), die selten vorkommt. Dass hier ein anderes Schreibmaterial verwendet wurde, kann auf verschiedene Arbeitsphasen oder zeitliche Unterbrechungen bei der Lektüre hindeuten. Auch spezifische Bedeutungsinhalte oder unterschiedliche Verwendungszwecke der Marginalien könnten damit gemeint sein.[162] Es existiert ein direkter Zusammenhang der Bedeutung der Marginalie mit dem angrenzenden Text, auf die sie sich bezieht, denn gemeint ist die dort beschriebene Kirche ‚Santa Maria del Rosario', die aber unter dem Namen ‚Gesuati' bekannt ist:

> Auf dem Rückweg von dieser Kirche kann man eine andere jenseits des Kanals schräg gegenüber liegende sehen. Sie gehört seit 1621 den Dominikanern, heißt aber noch J. Gesuati, weil sie den Jesuiten vor ihrer Verjagung im Jahre 1669 gehörte. Sie ist prächtig und reich (Volk I 3, S. 573).

Goethe schrieb das Wort wahrscheinlich daneben, um die Stelle bei einer erneuten Lektüre schneller wiederzufinden. Diese Kirche schien ihm wichtig gewesen zu sein, aber hat er sie auch wirklich besucht und

[161] Vgl. Höppner (2022), S. 275.

[162] Vgl. Sperl, Richard: Grundsätze zur Einrichtung und Benutzung des Verzeichnisses. In: Die Bibliotheken von Karl Marx und Friedrich Engels. Annotiertes Verzeichnis des ermittelten Bestandes. Hg. von Hans-Peter Harstick u. a. Berlin 1999 (= Karl Marx Friedrich Engels Gesamtausgabe. Vierte Abteilung. Exzerpte, Notizen, Marginalien 32), S. 93.

erwähnt er sie in seiner *Italienischen Reise*? In Goethes gedrucktem Exemplar der Reise findet sich zunächst kein Anhaltspunkt, ob er die Kirche besichtigte – sie wird nirgends genannt. Doch im *Tagebuch der Italienischen Reise* existiert tatsächlich eine Erwähnung der Kirche:

> Gesuati. eine wahre Jesuiten kirche [sic!]. Muntre Gemähلde von Tiepolo. An den Deckenstücken sieht man an einigen liebenswürdigen Heiligen, mehr als die Waden, wenn mich mein Perspektive nicht trügt. Das v. Volckm. angeführte Bild ist ein alberner Gegenstand; aber recht schön ausgeführt (Goethe TB 1, S. 260).

Goethe besuchte also Gesuati und erwähnt zudem zuvor bei Volkmann über die Kirche und das Gemälde gelesen zu haben. Mit „Das v. Volckm. angeführte Bild“ ist *Santa Conversazione* (um 1740) von dem Maler Giovanni Battista Tiepolo (1696–1770) gemeint. Das beschreibt Volkmann in seinem Reiseführer im gleichen Abschnitt, neben der Marginalie: „Sie hat auch gute Gemälde. Auf dem ersten Altar zur Rechten hat Tiepolo die Maria, welche mit ihren Nonnen umgeben ist, wovon eine das Kind liebkoset, in einem lieblichen Kolorit gemalt“ (Volk I 3, S. 573). Doch teilt Goethe nicht die Begeisterung Volkmanns, sondern findet das Gemälde recht albern (Vgl. Goethe TB 1, S. 260). Diese Passage und die damit verbundene Erwähnung, dass er dort gewesen ist, strich er aber später in der gedruckten Version.

Eine weitere hervorstechende Marginalie in diesem Band ist die mit Röteln verfasste Marginalie „ist wahr“ (Volk I 3, S. 654), die in den betrachteten Bänden nur einmal vorkommt. Erneut griff Goethe zu einem anderen Schreibmaterial – diesmal zu einem Rötelstift, der zu den Farbstiften gehört.

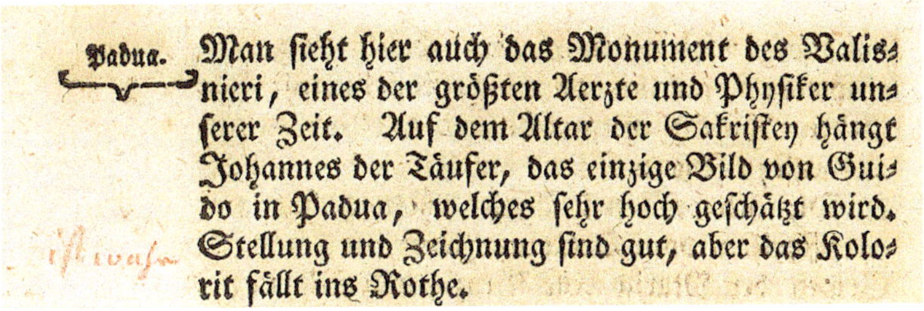

Padua. Man sieht hier auch das Monument des Valisnieri, eines der größten Aerzte und Physiker unserer Zeit. Auf dem Altar der Sakristey hängt Johannes der Täufer, das einzige Bild von Guido in Padua, welches sehr hoch geschätzt wird. Stellung und Zeichnung sind gut, aber das Kolorit fällt ins Rothe.

ist wahr

Abb. 5: Marginalie, Rötelstift von J. W. von Goethe. In: Volk I 3, S. 654.

Goethe kommentiert damit den Inhalt: „Auf dem Altar der Sakristei hängt Johannes der Täufer, das einzige Bild von Guido in Padua, welches hochgeschätzt wird. Stellung und Zeichnung sind gut, aber das Kolorit fällt ins Rothe“ (Volk I 3, S. 654). Er scheint mit „ist wahr“ Volkmann zuzustimmen, dass die Zeichnung ins „Rothe fällt“. Die Übereinstimmung der Stiftfarbe mit dem Inhalt sticht an dieser Stelle besonders hervor. Goethe kommentiert, wie sehr die Zeichnung ins Rote fällt und benutzt dafür einen roten Stift. Eine zufällige Wahl des Stiftes ist bei der signifikanten Übereinstimmung von Inhalt und Marginalie unwahrscheinlich. Vielleicht wählte er diese Farbe, um die Stelle besser einzuordnen und später leichter wiederzufinden. Die stiftliche Lesespur ist erneut eine expressiv-rezeptive Marginalie.[163] Goethe nimmt eine emotionale Haltung zum Geschriebenen ein. Der Text wird nicht nur hervorgehoben, sondern Goethe bezieht Stellung zu ihm. Der Literat schrieb sie wahrscheinlich nach seiner Reise dorthin oder zumindest, nachdem er das Bild selbst betrachten konnte – ohne eine eigene Sichtung vorauszusetzen, wäre dieser Kommentar sinnlos.

[163] Höppner (2022), S. 281.

Ein weiterer Aspekt fällt auf: Die Marginalie befindet sich am Ende des Kapitels. Wird eine Seite vorgeblättert und der Inhalt mit dem Geschriebenen Goethes über Padua abgeglichen, werden Gemeinsamkeiten deutlich. Volkmann erwähnt auf der Seite vor der Marginalie des gleichen Kapitels die Kirche der ,Eremitani' und den Maler ,Mantegna', da heißt es: „Der Eremitani, oder der Augustiner ihre Kirche ist den Aposteln Philippus und Jacobus gewidmet [...] Die Kapelle des rechten Kreuzganges hat Freskomalereien von Andreas Mantegna" (Volk I 3, S. 653). Bei Goethe steht wiederum geschrieben: „In der Kirche der Eremitaner habe ich Gemälde von Mantegna gesehen, einem der älteren Maler, vor denen ich erstaunt bin" (Goethe IR 1, S. 67). Diese Auffälligkeit lässt die Vermutung zu, dass Goethe, wenn er am Ende eines Kapitels eine Lesespur hinterlässt, nicht nur den Abschnitt, sondern mehr gelesen hat. Daher ist es gegebenenfalls relevant, nicht nur die direkten Passagen bei einer Untersuchung miteinzubeziehen, sondern ebenfalls die davor und danach, da jene Passagen höchstwahrscheinlich auch eine Rolle beim literarischen Produktionszyklus Goethes spielten.

Neben Datumsangaben, Wörtern und den verschiedenen Arten von Strichen ist eine weitere exzeptionelle Lesespur vorhanden, die ebenfalls im Kapitel von Venedig neben den Zeilen „Kanerkloster“ bis „nimmt eine“ zu finden ist: eine Anstreichung in Form des Großbuchstabens ‚V‘ (Volk I 3, S. 544).

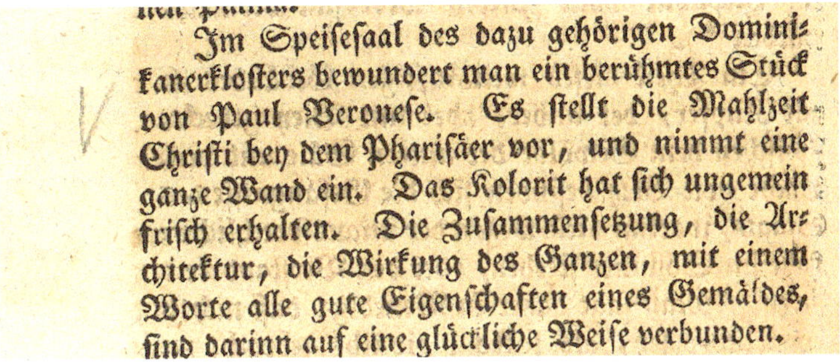

Im Speisesaal des dazu gehörigen Dominikanerklosters bewundert man ein berühmtes Stück von Paul Veronese. Es stellt die Mahlzeit Christi bey dem Pharisäer vor, und nimmt eine ganze Wand ein. Das Kolorit hat sich ungemein frisch erhalten. Die Zusammensetzung, die Architektur, die Wirkung des Ganzen, mit einem Worte alle gute Eigenschaften eines Gemäldes, sind darinn auf eine glückliche Weise verbunden.

Abb. 6: Marginalie, Bleistift von J. W. von Goethe. In: Volk I 3, S. 544.

Der inhaltliche Fokus dieser Passage liegt auf einem Gemälde des berühmten Malers Paul Veronese, das eine Wand im Speisesaal des Dominikanerklosters ziert. Ein direkter Zusammenhang mit diesem Inhalt und den Beschreibungen Goethes über Venedig besteht nicht. Goethe erwähnt zwar in der *Italienischen Reise* den Künstler und seine Werke fünfmal, im Tagebuch elfmal, die er sich mehrfach an verschiedenen Orten angesehen hat, aber in anderen Zusammenhängen. Vielleicht diente der Abschnitt als allgemeine Informationsquelle über den Künstler und er beabsichtigte nicht, explizit Veroneses Gemälde in diesem Kloster, sondern generell Gemälde von ihm in Venedig zu besuchen. Plausibel scheint jedoch, dass das ‚V‘ für Veronese steht und als Merkhilfe fungierte. Von wem diese Marginalie stammt, ist anhand eines einzelnen Buchstabens schwer zu bestimmen. Sie könnte auch von anderen Personen wie von Karl Ludwig von Knebel, dem Vorbesitzer der Bände, stammen. Aufgrund der aufgezeigten inhaltlichen Parallelen ist die Wahrscheinlichkeit jedoch hoch, dass ihr Urheber Goethe ist.

Die zweite Art der Lesespuren in diesem Band sind die nonverbalen Lesespuren. Eine Besonderheit hierbei ist, dass es keine Unterstreichungen gibt, sondern nur Anstreichungen. Bei manchen Anstreichungen könnte vermutet werden, es seien Unterstreichungen, aber sie sind zu weit weg von der jeweiligen Überschrift. Bei dem Vergleich mit anderen Quellen fiel auf, wie dicht Goethes Unterstreichungen jeweils am Wort sind. Jedoch sind 16 Anstreichungen vorhanden, von denen 10 waagerecht, fünf senkrecht und drei schräg verlaufen. Sie tauchen am Rand auf oder einzelne, zentrale Begriffe sind im Text unterstrichen und sie erstrecken sich zuweilen über mehrere Sätze. Diese sind entweder waagerecht, senkrecht oder schräg. Dabei handelt es sich um ‚selektiv-rezeptive Spuren', die von einer direkten und intensiven Auseinandersetzung mit dem Geschriebenen zeugen sowie eine hohe Aufmerksamkeit beim Lesen anzeigen, aber nicht breitflächig auftauchen, sondern sich auf wenige und ausgewählte Stellen fokussieren.[164] Zudem weisen sie darauf hin, dass sie angebracht wurden, um sie später leichter wiederzufinden und sie gegebenenfalls auch für die eigene literarische Produktion zu verwenden. Bei fünf von den 16 Anstreichungen sind passende Textstellen bei Goethes *Italienischer Reise* gefunden worden.

[164] Vgl. dazu Wieland (2015), S. 161f.

> Die Kirche S. Giovanni e Paolo gehört unter die merkwürdigsten in der Stadt. Der Hauptaltar ist insonderheit wegen des schönen Marmors sehenswerth. Das Tabernakel ruhet auf zehn Säulen, und zwey Engel tragen jedweder einen Reliquienkasten. In der andern Kapelle linker Hand hängt das beste Gemälde vom Tizian in Venedig, welches etliche mal in Kupfer gestochen worden. Es stellt den Märtyrertod des Petrus Martyr,
>
> S. Giovanni e Paolo.
>
> Petrus Martyr von Tizian.

Abb. 7: Anstreichung, Bleistift wahrsch. von J. W. von Goethe. In: Volk I 3, S. 541.

Eine dieser stiftlichen Lesespuren ist die dünne Bleistiftanstreichung neben dem Satz: „Es stellt den Märtyrertot des Petrus Martyr dar“ (Volk I 3, S. 541). Vor der Lesespur steht in Volkmanns Reiseführer: „In der anderen Kapelle linker Hand hängt das beste Gemälde von Tizian in Venedig, welches etliche mal in Kupfer gestochen worden“ (ebd.). Die Stelle passt exakt zu einer in Goethes *Italienischer Reise*: „Der Künstler machte mich aufmerksam darauf, weil die Sage gehe, dass Titian seine unendlich schönen Engel im Bilde: die Ermordung des heiligen Petrus Martyr vorstellend, darnach geformt habe“ (Goethe IR 1, S. 95). Interessanterweise ist diese Passage in Goethes Tagebuch nicht zu finden. Die Vermutung liegt nahe, dass das er die Informationen nachträglich hinzugefügt hat, möglicherweise inspiriert durch die erneute Lektüre von Volkmanns Reiseführer, denn die Parallelen der beiden Texte sind markant. Das ist ein Indiz für die Theorie, dass die *Italienische Reise* ein literarisches Konstrukt und kein authentischer Bericht ist.

Die Auswertung der Lesespuren in diesem Band insgesamt betrachtend, sind im Kapitel über Venedig die meisten nonverbalen Lesespuren (16) vertreten, gefolgt von Verona (neun Lesespuren), Rom (drei Lesespuren), Padua (drei Lesespuren) sowie Vincenza und Ferrara mit jeweils einer Lesespur. Dort sind möglicherweise auch so viele Lesespuren zu finden, die von einer intensiven Auseinandersetzung mit dem Text zeugen, weil Venedig für Goethe zeitlebens ein bedeutender Sehnsuchtsorte war. Er setzte sich ausgiebig mit dieser Stadt auseinander, die ihn, seit er als Kind

eine Spielzeuggondel geschenkt bekam, begleitete (Vgl. Goethe IR, S. 69). Dabei galt Goethes Interesse besonders dem Labyrinth der Gassen Venedigs, der Architektur und Kunst, den Menschen wie dem Theater und immer wieder ihrer Kulissenhaftigkeit, die ihn von seiner ‚venezianischen Existenz' sprechen lässt. Die Passionen spiegeln sich auch in den angestrichenen Passagen in diesem Kapitel wider.[165]
Dieses Phänomen lässt sich jedoch auch bei den anderen Lesespuren in diesem Band beobachten, die genau bei solchen thematischen Bezügen zu finden sind. Es sind zwar immer andere Städte, bei denen die Lesespuren auftauchen, aber vorherrschende Themen und Orte sind auffällig: Kirchen, Schlösser, Paläste, Kunst, Bildhauerei, Architektur, Stadtgeschichte, Landesgeschichte, Geographie, Theater und Adelsgeschichte. All diese Themen korrelieren auch mit Goethes persönlichen und beruflichen Interessen sowie den Schwerpunkten seiner Schilderungen über Italien, die nicht nur in diesem Band sichtbar werden, sondern auch im nachfolgenden ersten Band.

[165] Vgl. Mayer, Mathias: Goethes Venedig. Berlin 2015 (= Insel-Bücherei Nr. 1404), S. 77–78.

4.2.2 Volkmanns *Historisch-kritische Nachrichten von Italien*, Band 1

Im ersten Band der *Historisch-kritischen Nachrichten von Italien* sind ebenfalls einige Lesespuren identifizierbar. Insgesamt sind in diesem 46 stiftliche Lesespuren zu finden, wovon 39 nonverbale Lesespuren sind: Diese teilen sich auf in 24 Unterstreichungen, eine Anstreichung, zwei längliche Striche untereinander, einen einzelnen senkrechten und einen Typ von Lesespuren, die bisher noch nicht aufgetaucht sind: neun Kreuze. Zudem sind sieben Marginalien vorhanden, bei denen hervorstechend ist, dass manche von ihnen eine halbe Seite umfassen und die in italienischer Sprache verfasst sind.

In Goethes Bibliothek Online sind 33 Lesespuren vermerkt.[166] Allerdings werden dort nicht die einzelnen Lesespuren gezählt, sondern nur die Seiten, auf denen die Spuren vorhanden sind, oft existieren auf einer Seite aber mehrere Lesespuren. Die eigene durchgeführte Analyse ergab eine größere Anzahl von stiftlichen Lesespuren, weil jede einzelne Lesespur gezählt wird. Nichtsdestotrotz sind zwei Seiten (S. 425 und S. 643) mit Lesespuren im Online-Katalog nicht aufgeführt, auf denen jeweils eine Unterstreichung zu finden ist. Wie bei Band drei, erwähnt Ruppert auch bei diesem nur die Marginalien, aber keine anderen Lesespuren.[167]

Besonders viele stiftliche Lesespuren tauchen im Kapitel über Bologna auf, und zwar 30. Die Beschreibungen der dortigen Erlebnisse nehmen auch in der *Italienischen Reise* viel Raum ein. Hervorstechend sind dabei Marginalien, die in Italienisch verfasst wurden und aus Goethes Hand stammen.

---

[166] Vgl. Herzogin Anna Amalia Bibliothek Weimar: Goethes Bibliothek Online. Historisch-kritische Nachrichten von Italien, Bd. 1. URL: https://opac-.lbsweimar.gbv.de/DB=2.5/SET=1/TTL=1/SHW?FRST=7 (zuletzt aufgerufen am 10.05.2022).

[167] Vgl. Ruppert (1958), S. 316 (Ruppert 2184 (1)).

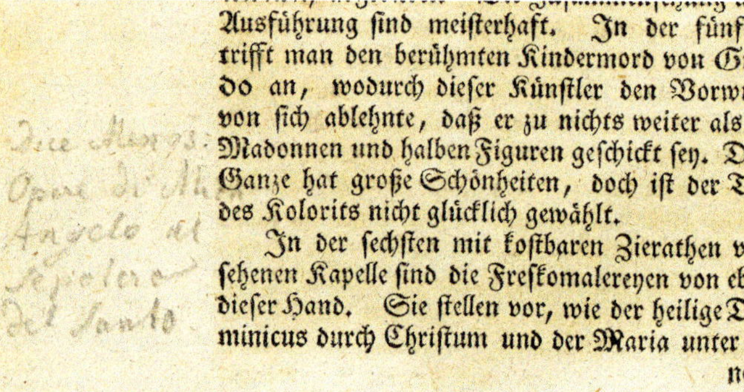

Ausführung sind meisterhaft. In der fünften
trifft man den berühmten Kindermord von Guido an, wodurch dieser Künstler den Vorwurf
von sich ablehnte, daß er zu nichts weiter als zu
Madonnen und halben Figuren geschickt sey. Das
Ganze hat große Schönheiten, doch ist der Ton
des Kolorits nicht glücklich gewählt.

In der sechsten mit kostbaren Zierathen ver-
sehenen Kapelle sind die Freskomalereyen von eben
dieser Hand. Sie stellen vor, wie der heilige Do-
minicus durch Christum und der Maria unter einem

Abb. 8: Marginalie, Bleistift von J. W. von Goethe. In: Volk I 1, S. 410.

Eine davon ist neben dem Abschnitt zu finden, der die ‚Kirche San Domenico' näher erläutert: „Dice Mengs: Opere di Mich. Angelo al Sepolcro del Santo"[168]. Es ist eine produktiv-rezeptive Marginalie und eine metatextuelle Lesespur, da Goethe den Text kommentiert, eigene Gedanken bzw. Informationen hinzufügt und eine inhaltliche Auseinandersetzung damit erkennbar ist. Mit Mengs ist wahrscheinlich der Maler Anton Raphael Mengs (1728–1779) gemeint, der sich ausgiebig mit den Arbeiten Michelangelos beschäftigt hat. Weitere Recherchen ergaben, dass sich in der Kirche San Domenico die ‚Arca di San Domenico' befindet. Dabei handelt es sich um ein reich verziertes Marmorgrabmal, das die Überreste des heiligen Dominikus enthält. Das Grabmal ist mit Statuen aus der Hand des jungen Michelangelos verziert. Im Kapitel über Bologna in der *Italienische Reise* gibt es keinen direkten Verweis auf die Kirche oder Mengs. Allerdings wird Mengs mehrfach an anderer Stelle erwähnt, etwa bei Goethes Aufenthalt in Rom: „Er kommt zum Besitz eines antiken Gemäldes auf Kalk, niemand weiß woher; er lässt das Bild durch Mengs restaurieren und hat es als ein geschätztes Werk in seiner Sammlung" (Goethe IR 1, S. 148). Die Formulierung „Dice Mengs" kann sich auf ein spezifisches Werk von Mengs beziehen, da Goethe Abhandlungen von ihm gelesen hat – möglicherweise etwas in Bezug auf diese Stelle bei

[168] Volkmann, Johann Jacob: Historisch-kritische Nachrichten von Italien: Welche eine genaue Beschreibung dieses Landes, der Sitten und Gebräuche, der Regierungsform, Handlung, Oekonomie, des Zustandes der Wissenschaften und insonderheit der Werke der Kunst nebst einer Beurtheilung derselben enthalten, Bd. 1. Leipzig 1770, S. 410 (Ruppert 2184 (1)). Wird im Folgenden als Sigle ‚Volk I 1' abgekürzt.

Volkmann und über Michelangelos Schöpfungen. Denn es befinden sich mehrere Opera Mengs in Goethes Privatbibliothek wie Mengs *Gedanken über die Schönheit und über den Geschmack der Malerei*[169], 1774 erschienen, die auch mit stiftlichen Lesespuren versehen sind, in Form von Handzeichnungen, die wahrscheinlich von Goethe stammen. Dass er diese auch gelesen und nicht nur besessen hat, verrät zudem folgendes Zitat: „Neuerlich lese ich die Schriften des verstorbenen Mengs und da lernt man sich bescheiden, daß eigentlich Niemand als ein solcher Künstler über die Kunst reden sollte."[170] Der Zeitpunkt des Briefes lässt ferner die Spekulation zu, dass die Marginalie in Volkmanns Reisebericht möglicherweise vor Goethes Reise entstanden ist.

Die Lesespuren in diesem Reiseführer sind außerdem nützlich bei der Untermauerung der zuvor aufgeworfenen Hypothesen, dass Goethe einen Zweck mit seinen Lesespuren verfolgte und sie nicht zufällig entstanden sind, denn über seinen Besuch in Bologna notierte er in seinem Reisebericht Folgendes:

> Heute früh, vor Tage, fuhr ich von Cento weg, und gelangte bald genug hierher. Ein flinker und wohl unterrichteter Lohnbediente, sobald er vernahm, daß ich nicht lange zu verweilen gedächte, jagte mich durch alle Straßen, durch so viele Paläste und Kirchen, daß ich kaum in meinem Volkmann anzeichnen konnte, wo ich gewesen war, und wer weiß, ob ich mich künftig bei diesen Merkzeichen aller der Sachen erinnere. Nun gedenke ich aber ein Paar lichter Punkte, an denen ich wahrhafte Beruhigung gefühlt (Goethe IR 1, S. 110).

Der Literat erwähnt explizit, von den Schilderungen Volkmanns geleitet und inspiriert worden zu sein und dass die Lesespuren einen Zweck hatten. Die Stellen sollten markieren, wo er gewesen ist, um sie später wiederzufinden, was die vorangegangene Theorie untermauert, und sie erweitert. Sein Eintrag impliziert darüber hinaus, die Funktion seiner Lesespuren als Merkzeichen unterschiedlicher Art, was wiederum den Beobachtungen entspricht.

---

[169] Vgl. Mengs, Anton Raphael: Gedanken über die Schönheit und den Geschmack der Malerei. Zürich 1774 (Ruppert 2416).

[170] Brief: Goethe an Knebel, 26.02.1782. In: Briefwechsel zwischen Goethe und Knebel (1774–1832). Erster Theil. Hg. von Gottschalk Eduard Guhrauer. Leipzig 1851, S. 26.

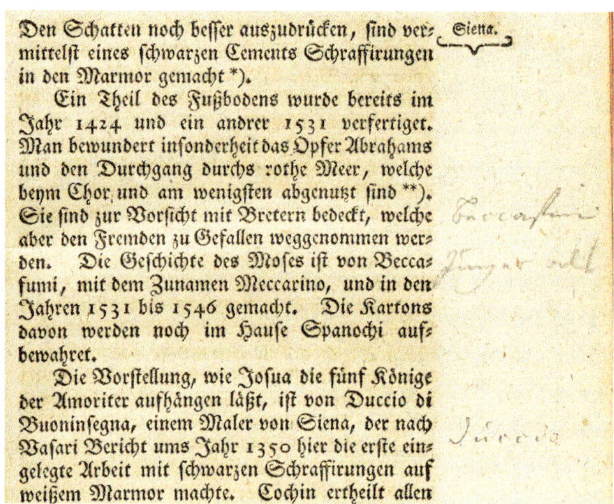
Den Schatten noch besser auszudrücken, sind vermittelst eines schwarzen Cements Schraffirungen in den Marmor gemacht *). Siena.

Ein Theil des Fußbodens wurde bereits im Jahr 1424 und ein andrer 1531 verfertiget. Man bewundert insonderheit das Opfer Abrahams und den Durchgang durchs rothe Meer, welche beym Chor und am wenigsten abgenutzt sind **). Sie sind zur Vorsicht mit Bretern bedeckt, welche aber den Fremden zu Gefallen weggenommen werden. Die Geschichte des Moses ist von Beccafumi, mit dem Zunamen Meccarino, und in den Jahren 1531 bis 1546 gemacht. Die Kartons davon werden noch im Hause Spanochi aufbewahret.

Die Vorstellung, wie Josua die fünf Könige der Amoriter aufhängen läßt, ist von Duccio di Buoninsegna, einem Maler von Siena, der nach Vasari Bericht ums Jahr 1350 hier die erste eingelegte Arbeit mit schwarzen Schraffirungen auf weißem Marmor machte. Cochin ertheilt allen

Abb. 9: Marginalie, Bleistift von J. W. von Goethe. In: Volk I 1, S. 643.

In diesem Sinne sind zwei Marginalien im Kapitel über Siena angebracht, die Merkhilfen sind. Goethe notierte, wie auf der Abbildung neun erkennbar ist, am rechten Rand mit Bleistift „Beccafumi" und „Duccio" (Volk I 1, S. 643). Im dazugehörigen Text wird näher auf die Personen eingegangen, die beide italienische Maler waren. Es ist einleuchtend, dass dies die von Goethe erwähnte Art von Merkhilfen sind, und sie während der Lesephase entstanden sind. Notizen aus der Lesephase sind nur selten in Goethes Büchern vertreten, da er diese häufig auf separaten Blättern anfertigte und aufbewahrte.[171] Deswegen sind diese Lesespuren auch so besonders. Möglicherweise schrieb er die Namen an den Rand, um die Stellen im Nachhinein leichter wiederzufinden – vielleicht für eine spätere präzisere Lektüre. Mutmaßlich hatte Goethe ursprünglich vor, diese Stellen in seine *Italienische Reise* mitaufzunehmen. Der genaue Zweck ist nicht identifizierbar, doch ihre Funktion als Merkhilfe ist plausibel.

Auffällig bei diesen Lesespuren ist, dass der Reisende an vielen Orten, die er im Reiseführer unterstrichen hat, nie war beziehungsweise nicht darüberschrieb. Warum dies möglicherweise der Fall war, verrät ein Tagebucheintrag, denn Goethe erwähnt in dem folgenden Zitat viele

[171] Vgl. Scheibe, Siegfried u. a.: Arbeitsweise. In: Goethe-Handbuch. Hg. von Bernd Witte u. a. Bd. 4.1. Stuttgart 1998. S. 73–79.

Sehenswürdigkeiten Bolognas und impliziert, nicht genügend Zeit gehabt zu haben, um alles zu besichtigen:

> Auch hier in Bologna müßte man sich lange aufhalten. Siehe nunmehr Volckmanns ersten Theil, von pag. 375 biß. 443. p. 402. Madonna di Galiera. Sakristey treffliche Sachen. p. 403. Giesu e Maria, die Beschneidung von Guercin. Dieser unleidliche Gegenstand, ganz trefflich ausgeführt. Ein Bild, was man sich dencken kann gemahlt [sic!]. Es ist alles daran respecktabel, und ausgeführt ist es, als ob es Emaille wäre (Goethe TB 1, S. 296).

Dieses Zitat zeigt aber noch eine andere Besonderheit: Goethe verweist explizit auf Seiten bei Volkmann, das charakteristisch für den ersten Band ist. In Volkmanns Reiseführer auf der entsprechenden Seite 402 hat Goethe die Randüberschriften „S. Martolomeo" und „Gieso e Maria" unterstrichen (Volk I 1, S. 402). Das Kapitel über ‚Madonna di Galiera' beginnt auf Seite 401, auf der eine stiftliche Lesespur des Reisenden zu finden ist. Im Tagebuch nennt er die Seite 402 wahrscheinlich, weil sich das Kapitel über mehrere Seiten erstreckt und die Sakristei auf dieser Seite beschrieben wird: „Die Sakristei ist mit einigen herrlichen Gemälden versehen, worunter insbesondere eine Verkündung von Annibal Carracci zu bemerken. Die Figur des Engels ist gefällig und gut drapiert" (ebd.). Der Abschnitt wird eine Seite weiter fortgeführt, wobei ausdrücklich auf das Gemälde von Guercin eingegangen wird. Der Tagebucheintrag Goethes verrät bereits, dass er das Gemälde gesehen und zuvor Volkmanns Buch gelesen hat, sonst würde der Literat nicht auf eine bestimmte Seite verweisen.

Diese Lesespuren sowie Tagebucheinträge demonstrieren, dass Goethe sich mit dem Text Volkmanns intensiv auseinandersetzte und dieser einen Einfluss auf ihn hatte. Sie zeigen auch, dass Goethe das Wissen literarisch verarbeitete und tatsächlich an diesem spezifischen Ort war.

Sowohl die Verweise auf Seiten bei Volkmann als auch die genannten besuchten Orte verschwinden in der gedruckten Version der *Italienischen Reise*. Dies korrespondiert mit dem Eindruck eines konstruierten Werkes Goethes und seiner bewussten Werk- und Nachlasspolitik. Goethe tilgte die Verweise auf Volkmann, weil das Betreiben offenkundiger Buchgelehrsamkeit,[172] nicht dem Charakter eines authentischen Tagebuches

[172] Vgl. Wachsmuth (1958a), S. 178–183.

entsprochen hätte. Das hätte nicht zu dem Bild gepasst, welches er für die Nachwelt erschaffen wollte.

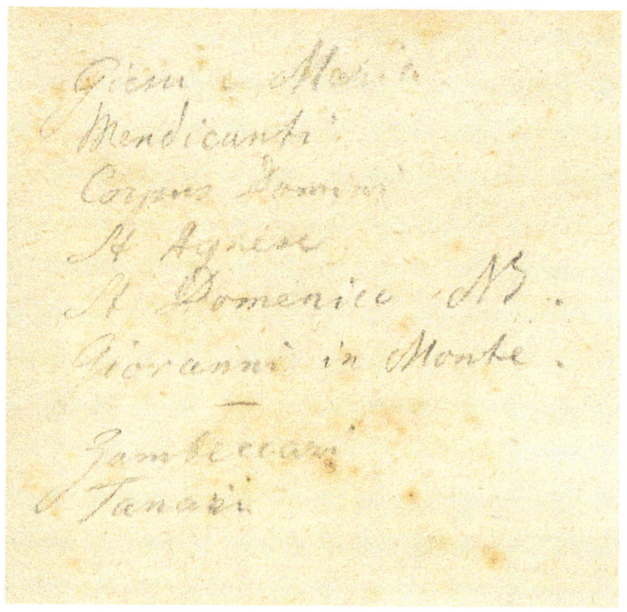

Abb. 10: Marginalie, Bleistift von J. W. von Goethe. In: Volk I 1, letzte Seite.

Bemerkenswert ist auch die letzte Seite des Reiseführers, auf der acht Orte stehen, die mit Bleistift verfasst wurden: „1. Giesú e Maria, 2. Mendicanti, 3. Corpus Domini, 4. St. Agata, 5. St. Dominico, 6. Giovanni in Monte, 7. Zambeccari, 8. Tanari" (Volk I 1, letzte Seite).
Werden diese mit Volkmanns Text abgeglichen, fällt auf, dass sie alle in Bologna liegen; Kirchen oder Paläste sind und sie kurz hintereinander im Buch vorkommen. Auf den entsprechenden Seiten sind bei allen, außer „Tanari" und „Medicanti" (ebd.) Unterstreichungen zu finden. Das unterstützt die Hypothese, dass Marginalien eine größere Bedeutung als nonverbalen Lesespuren haben und sie einen spezifischen Zweck erfüllen. Möglicherweise legte Goethe die Liste der Orte an, die er unbedingt in Bologna besuchen wollte oder sie könnten als Merkhilfe für die spätere literarische Verarbeitung gedient haben. Goethe erwähnt nämlich alle der genannten Orte direkt oder indirekt in seinem Reisebericht und

beschreibt sie allesamt dicht hintereinander. Zudem ist durch die *Italienische Reise* und andere Quellen belegbar, dass er jeden dieser Orte besuchte.

Gewisse Schwierigkeiten bei der Auswertung dieses Bandes in Bezug auf eine Relation mit dem literarischen Werk Goethes ergaben sich, da die Mehrzahl der gefundenen Lesespuren in dem Kapiteln über Mailand (drei Lesespuren) und Siena (13 Lesespuren) zu finden sind. Diese beiden Städte besuchte Goethe auf seiner Rückreise von Italien nach Weimar, doch weder in seinem Tagebuch noch in der späteren Druckversion beschrieb er seine Aufenthalte dort. Die Schilderungen brechen abrupt nach seinem Romaufenthalt im April 1788 ab. Es ist jedoch in manchen Fällen möglich, andere Quellen wie Briefe oder Tagebucheinträge heranzuziehen, um abzugleichen, ob er wirklich an den betreffenden Orten war, um so eine Beziehung herzustellen.
In diesem Sinne sind in dem Kapitel über Siena Lesespuren zu finden, die bis jetzt noch nicht vorkamen, die selektiv-rezeptiven Lesespuren ‚Kreuze'. Sie konzentrieren sich auf einen größeren Bereich des Textes als andere Lesespuren (siehe Abb. 11). Es wird auf keine einzelne Stelle verwiesen, sondern auf einen Abschnitt oder den Text als Ganzes. Daher ist es diffiziler zu bestimmen, worauf sie sich beziehen.

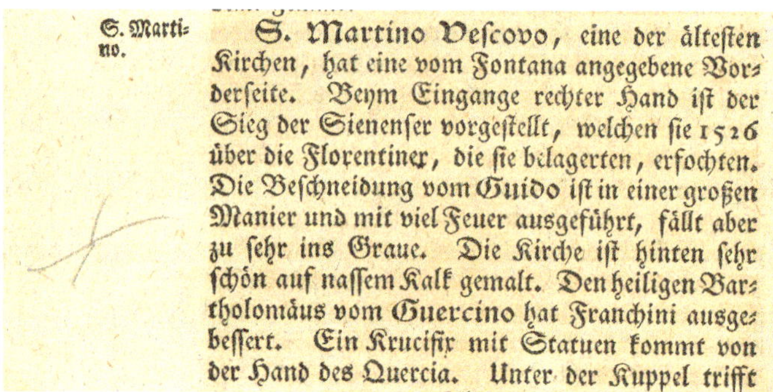

S. Martino.

S. Martino Vescovo, eine der ältesten Kirchen, hat eine vom Fontana angegebene Vorderseite. Beym Eingange rechter Hand ist der Sieg der Sienenser vorgestellt, welchen sie 1526 über die Florentiner, die sie belagerten, erfochten. Die Beschneidung vom Guido ist in einer großen Manier und mit viel Feuer ausgeführt, fällt aber zu sehr ins Graue. Die Kirche ist hinten sehr schön auf nassem Kalk gemalt. Den heiligen Bartholomäus vom Guercino hat Franchini ausgebessert. Ein Krucifix mit Statuen kommt von der Hand des Quercia. Unter der Kuppel trifft

Abb. 11: Marginalie, Bleistift von J. W. von Goethe. In: Volk I 1, S. 654.

Von dieser Art sind neun in Band eins vorhanden, wobei alle im Kapitel über Siena auftauchen. Über seinen Aufenthalt schrieb Goethe jedoch nichts in der *Italienischen Reise*. Nur andere Quellen geben darüber Auskunft: So ist durch einen Brief an Johann Heinrich Lips (1758–1817) belegt, dass Goethe dort gewesen ist:

> Wenn Sie durch Siena gehen, besehen Sie doch mit Aufmercksamkeit ein Bild des Guido von Siena, ich weiß nicht in welcher Kirche. / Es stellt eine Mutter Gottes mit dem Kinde vor und ist das erste Bild worauf eine Jahrzahl steht. Die Figur ist über Lebensgröße und mich deucht in einem großen Sinn gemacht. Die Gewänder scheinen mir fürtrefflich gedacht und wenn das Bild beym ersten Anblick ein gemeines Auge erschröckt, so möchte es bey näherer Untersuchung in einem geübten Auge gewinnen. Finden Sie es so interessant wie ich es gefunden habe, so machen Sie doch eine kolorierte Zeichnung davon, wenn Sie Sich auch in Siena etwas länger aufhalten sollten. Es kommt mir auf den Contour und die Lokalfarben an, auszuführen ist so nichts dran. Es ist auch dieß Bild in der Geschichte der Kunst merckwürdig. Sie müßten aber die Zeichnung schon in einiger Größe machen.[173]

Es ist zudem bekannt, was Goethe in Siena besuchte: dazu zählen beispielsweise die Kirche San Domenico, der Palazzo Savini und den hohen Turm am Palazzo Pubblico. Andere stiftliche Lesespuren lassen sich nicht rekonstruieren, da nicht überliefert ist, ob er diese Orte besuchte. Darüber kann nur spekuliert werden. Die Kreuze bedeuten höchstwahrscheinlich, dass er an den entsprechenden Orten gewesen ist.

[173] Brief an Johann Heinrich Lips, Weimar den 1. Juni 1789. In: Goethe B, Bd. 8 I, S. 115.

4.2.3 Riedesels *Voyage en Sicile et dans la grande Grèce*

Goethes Italienreise endete nicht etwa mit dem letzten beschriebenen Ort in Volkmanns Büchern, Genua, sondern sie ging weiter. Deswegen benötigte er für seine anschließende Fahrt nach Sizilien einen anderen Reiseführer, und zwar *Voyage en Sicile et dans la grande Grèce* von Johann Hermann Riedesel (1740–1785). Diese Quelle war für die Vorbereitung der Reise sowie beim Verfassen der Passagen, die Sizilien betreffen, eminent. Das von Goethe benutze Exemplar stammt aus dem Jahr 1773 und ist eine französische Übersetzung des deutschen Originals.

1761 absolvierte Riedesel eine neunjährige Kavalierstour, die ihn nach Paris und schließlich auch nach Italien führte. Dort entdeckte er sein Interesse an klassischen Altertümern. Im Jahr 1763 lernte er in Rom den Gelehrten Johann Joachim Winckelmann kennen. Dieser führte Riedesel in seine wissenschaftliche Methodik ein und beeinflusste sein ästhetisches Urteil. Die Bekanntschaft wurde durch regen Schriftverkehr aufrechterhalten. Im Frühling 1767 unternahm Riedesel mit dem italienischen Altertumsforscher Principe di Biscari eine Reise durch Sizilien und Süditalien. Das Vorhaben Winckelmanns Riedesel auf der Reise zu begleiten, für den Riedesel auch seine Reisebeschreibungen verfasste, scheiterte jedoch. Der Bericht über die Italienreise war zunächst nur dazu gedacht, den Antiquaren Informationen über die bedeutendsten Altertümer der Insel zu verschaffen, doch Winckelmann verhandelte gegen den Wunsch Riedesels über die Herausgabe des Buches.[174] Das wurde schließlich 1771 von Johann Heinrich Füssli (1741–1825) in deutscher Sprache unter dem Titel *Reise durch Sicilien und Großgriechenland*, ohne Nennung des Autors, veröffentlicht.[175]
Hauptsächlich beschreibt Riedesel im Reiseführer die Architektur und die Kunst der griechischen Antike in Sizilien, was seinen Bericht auch zum verbindlichen Handbuch aller Sizilienreisenden der Goethezeit werden ließ. Zudem widmete er sich der landschaftlichen Darstellung, dem mit aufklärerischem Impetus wahrgenommenen Elend der Bevölkerung

---

[174] Für Informationen zu Riedesel vgl: Oelwein, Cornelia: Riedesel, Johann Hermann Freiherr von. In: Neue Deutsche Biographie 21. Aachen 2003, S. 572.
[175] Vgl. Anonym: Reise durch Sicilien und Großgriechenland. Lausanne 1771.

und der politischen Rückständigkeit der Regierung. Die Landesbeschreibung Siziliens eines deutschen Autors war im 18. Jahrhundert die erste und gleichzeitig die erfolgreichste.[176]

Im Gegensatz zu den anderen Reiseführern ist dieser hinsichtlich des Umfangs (370 Seiten) kleiner und enthält weniger Lesespuren, aber auch diese sind aufschlussreich. Auf dem Buchrücken ist der Titel handschriftlich in Tinte notiert sowie auf dem Vorsatzpapier der Name des Verfassers in Bleistift. Im Inneren des Bandes sind keine Exlibris und keine anderen Verweise auf den Vorbesitzer zu finden. Das ist aber nicht erstaunlich, da nur bei ca. 40 % von Goethes Büchern Exlibris angebracht waren und sie erst nach seinem Tod eingeklebt wurden.[177] Handschriftliche Namenseinträge oder Monogramme von ihm sind selten. Diese sind nur bei ca. 0,1 % der Bände vorhanden.[178] Im Reisebericht Riedesels sind sowohl An- und Unterstreichungen als auch Marginalien vertreten, die höchstwahrscheinlich alle aus der Hand Goethes stammen. Weitere Indizien, die die Provenienz klären, sind die vielfach vorkommenden inhaltlichen Parallelen zur *Italienischen Reise*, auf die im Nachfolgenden näher eingegangen wird.

Im Online Katalog ‚Goethes Bibliothek Online' der Herzogin Anna Amalia Bibliothek in Weimar waren in Riedesels Reisebericht bis zum Beginn dieser Arbeit neun stiftliche Lesespuren[179] und eine handschriftliche Notiz auf dem Vorsatzpapier mit dem Namen des Verfassers verzeichnet. In Hans Rupperts Katalog[180] über Goethes Privatbibliothek sind keine aufgeführt.
Bei dieser Untersuchung des Originals sind zu den bereits vermerkten, vier weitere Lesespuren gefunden worden.[181] Dabei kommen zwei Arten

---

[176] Vgl. Oelwein (2003), S. 572.
[177] Vgl. Höppner (2022), S. 110.
[178] Vgl. ebd., S. 250.
[179] Vgl. Herzogin Anna Amalia Bibliothek Weimar: Goethes Bibliothek Online. Voyage en Sicile et dans la grande Grèce. URL: https://lhwei.gbv.de/DB=2.5/XMLPRS=N/PPN ?PPN=137514670 (zuletzt aufgerufen am 01.06.2022).
[180] Vgl. Ruppert (1958), S. 582 (Ruppert 4060).
[181] Herr Prof. Höppner trägt die im Zuge dieser Forschung gefundenen zusätzlichen Lesespuren nachträglich in den Online-Katalog ein. Daher ist es wahrscheinlich, dass bei der

von stiftlichen Lesespuren vor: Die erste sind die nonverbalen Lesespuren – die An- bzw. Unterstreichungen. Entweder sind die Anstreichungen am Rand oder einzelne Begriffe sind im Text oder am Rand unterstrichen. Es sind neun Anstreichungen und zwei Unterstreichungen vorhanden. Zu unterscheiden ist außerdem die Art der Striche: Mal verwendete Goethe zwei Striche untereinander, dann wieder nur einen einzelnen. Von den 15 Lesespuren weisen sechs eine inhaltliche Übereinstimmung auf, die Auskunft über den literarischen Produktionsprozess der *Italienischen Reise* Goethes geben.

Veröffentlichung dieser Arbeit die zusätzlich gefundenen bereits eingetragen sind. Im Mai/Juni 2022 waren sie noch nicht verzeichnet.

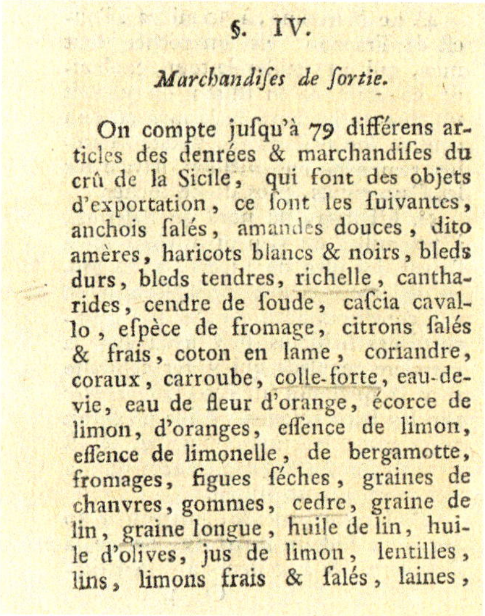

§. IV.

Marchandiſes de ſortie.

On compte juſqu'à 79 différens articles des denrées & marchandiſes du crû de la Sicile, qui ſont des objets d'exportation, ce ſont les ſuivantes, anchois ſalés, amandes douces, dito amères, haricots blancs & noirs, bleds durs, bleds tendres, richelle, cantharides, cendre de ſoude, caſcia cavallo, eſpèce de fromage, citrons ſalés & frais, coton en lame, coriandre, coraux, carroube, colle-forte, eau-de-vie, eau de fleur d'orange, écorce de limon, d'oranges, eſſence de limon, eſſence de limonelle, de bergamotte, fromages, figues ſéches, graines de chanvres, gommes, cedre, graine de lin, graine longue, huile de lin, huile d'olives, jus de limon, lentilles, lins, limons frais & ſalés, laines,

Abb. 12: Unterstreichungen, Bleistift, wahrsch. von J. W. von Goethe. In: Ried SG, S. 320.

Ein Beispiel für Unterstreichungen von Wörtern im Text sind in Riedesels Reisebericht im Kapitel über die für Sizilien typischen Nahrungsmittel zu finden. Dort hat Goethe verschiedene Agrarerzeugnisse unterstrichen, die in Sizilien angebaut werden. Von den 79 aufgelisteten, wie Weizen, Mandeln und Bohnen, hat der Reisende vier Wörter unterstrichen: *richelle*, *colle-forte*, *cedre* und *graine longue*. Die Lebensmittel bei Riedesel hat Goethe zwar nicht exakt übernommen, aber es scheint so, als ob er das Wissen aus dem gesamten Abschnitt in seine eigenen literarischen Beschreibungen Italiens einfließen ließ:

> Die Folge ihres Fruchtbaus ist Bohnen, Weizen, Tumenia, das vierte Jahr lassen sie es zur Wiese liegen. Unter Bohnen werden hier die Pufbohnen [sic!] verstanden. Ihr Weizen ist unendlich schön. Tumenia, deren Namen sich von bimenia oder trimenia herschreiben soll, ist eine herrliche Gabe der Ceres: es ist eine Art von Sommerkorn, das in drei Monaten reif wird. [...] Der Lein ist schon reif. Der Akanth hat seine prächtigen Blätter entfaltet. Salsola fruticosa wächst üppig. [...] Die Mandeln hingen sehr voll (Goethe IR 1, S. 298f.).

A notre retour dans l'ancienne ville je m'arrètai à conſidérer ſes murailles ; elles ſont, ainſi que *Vitruve* nous apprend que les Grecs les conſtrui-ſoient, bâties ſur le roc en groſſes pierres de taille, & de diſtance en diſ-tance, tantôt des fontaines quarrées, tantôt des encaiſſements ou ouvertures qui ont des eſpèces de chambranles de pareilles pierres, & qui ſont remplies en chaux & en briques. Les interval-

Abb. 13: Anstreichungen, Bleistift, wahrsch. von J. W. von Goethe. In: Ried SG, S. 42.

Innerhalb der Rubrik Anstreichungen sind waagerechte Striche am Rand des Textes häufig vertreten. Dies ist charakteristisch für Goethe Lesespuren, der vor allem mittellange, waagerechte Bleistiftstriche in seinen Büchern hinterließ.[182] Auffällig ist, dass es sich dabei nicht nur um einen Strich, sondern um zwei untereinander handelt. Diese sind zum Beispiel in einem Kapitel, das sich mit Agrigent und der Erbauung der Stadtmauer beschäftigt, zu finden. Hierbei hat Goethe den Strich auf der Höhe von „pierres de taille, & de distance en distance, tantôt des fontaines quarrées“ gesetzt (Ried SG, S. 42) angebracht:

> A notre retour dans l'ancienne ville je m'arrêtai à considérer ses murailles ; elles sont, ainsi que Vitruve nous apprend que les Grecs les construisaient, bâties sur le roc en sur grosses pierres de taille, & de distance en distance, tantôt des fontaines quarrées, tantôt des encaissements ou ouvertures qui ont des espèces de chambranles de pareilles pierres, & qui sont remplies en chaux & en briques (Ried SG, S. 42).

Riedesel beschreibt die alte Stadtmauer, ihre Beschaffenheit, von wem und auf welche Weise sie erbaut wurde. In der *Italienischen Reise* geht Goethe auch auf die Stadtmauer ein und erwähnt zudem explizit, dass Riedesel ihn auf das Bauwerk hinwies: „Auf eine schöne Anstalt der alten mächtigen Stadt machte mich mein Führer[183] aufmerksam. In den Felsen und Gemäuermassen, welche Girgent zum Bollwerk dienten [...]“ (Goethe IR 1, S. 297). Dabei beschränkt Goethe sich bei der literarischen

[182] Vgl. Höppner (2022), S. 351.

[183] Gemeint ist der Reiseführer von Riedesel.

Verarbeitung nicht nur auf den Inhalt der Anstreichungen, sondern er bezieht abermals mehrere Seiten des Kapitels in seinen Text ein. So erwähnt er genau wie Riedesel, dass sich in der Stadtmauer Gräber befinden: „(...) welche Girgenti zum Bollwerk dienten finden sich Graeber, wahrscheinlich den Tapfern und Guten zur Ruhestätte bestimmt. Wo konnten diese schöne, zu eigener Glorie und zu ewig lebendiger Nacheiferung, beigesetzt werden!" (Goethe IR 1, ebd.).

Auffallend ist zudem die Beobachtung, dass nur bei den einzelnen Strichen (drei Stück), die Goethe am Rand hinterließ, keine inhaltliche Relation mit der *Italienischen Reise* vorliegt. In diesem Sinne erwähnt er in seinem Werk weder die Steuer in Sizilien noch den Handel mit Rubinen, das Armenkrankenhaus, das vom König von Spanien erbaut wurde, oder die Promenaden Siziliens, obwohl Goethe entsprechende Passagen bei Riedesel unterstrichen hat.[184] Der erste Strich könnte bei der ersten Lektüre entstanden sein – vielleicht auch eilig während der Reise. Bei einer erneuten Lektüre hätte er den zweiten Strich anbringen können, der den Zweck hatte, jene Passagen zu markieren, die er für das eigene Werk verwenden wollte.

---

[184] Vgl. Ried SG, S. 327, S. 313, S. 303, S. 302.

Die zweite Art von Lesespuren sind Marginalien, die mit blauer Tinte oder mit Bleistift verfasst wurden. Bleistifte boten die Möglichkeit für eine schnelle Notiz oder Anstreichung, was dafürsprechen würde, dass Goethe solche Notizen auf der Reise anfertigte. Bis auf eine Notiz, die in Tinte verfasst wurde, sind alle anderen mit Bleistift entstanden. Von den Marginalien sind nur vier vorhanden. Bei allen, bis auf eine, besteht ein inhaltlicher Zusammenhang mit der *Italienischen Reise*. Ferner sind die Marginalien nahe beieinander und beziehen sich auf denselben Ort ‚Agrigent', bei Goethe ‚Girgent', und auf Monumente.

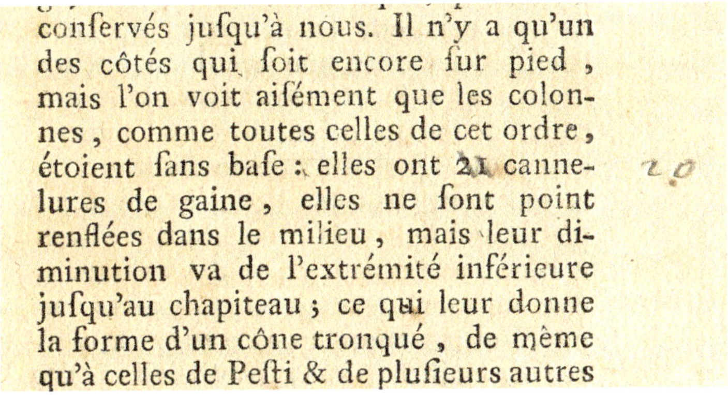

conſervés juſqu'à nous. Il n'y a qu'un des côtés qui ſoit encore ſur pied, mais l'on voit aiſément que les colonnes, comme toutes celles de cet ordre, étoient ſans baſe: elles ont 21 cannelures de gaine, elles ne ſont point renflées dans le milieu, mais leur diminution va de l'extrémité inférieure juſqu'au chapiteau; ce qui leur donne la forme d'un cône tronqué, de même qu'à celles de Peſti & de pluſieurs autres 20

Abb. 14: Marginalie, Bleistift von J. W. von Goethe. In: Ried SG, S. 39.

Die Marginalien sind entweder Begriffe oder Zahlen. Eine davon hat Goethe neben den folgenden Zeilen hinterlassen: „elles ont 21 cannelures de gaine, elles ne sont point renflées dans le milieu, mais leur diminution va de l'extrémité inférieure jusqu'au chapiteau". Im Text wurde die ‚21' durchgestrichen und eine ‚20' hingeschrieben: Es handelt sich hierbei um eine ‚produktiv-rezeptive Lesespur' oder auch eine ‚additiv-rezeptive'. Goethe fügte dem gedruckten Text neue Informationen in Form dieser Randnotizen hinzu und korrigierte damit Riedesels Geschriebenes. Die vorgenommene Korrektur deutet darauf hin, dass sie entstanden sind, nachdem Goethe das Monument selbst betrachtet hat und dabei feststellte, dass die Säulen 20 und nicht 21 Rillen hatten. Entweder tat er dies noch auf der Reise oder nachträglich. Dass er diese Notiz bei der Lektüre, für die Vorbereitung der Reise, verfasste, scheint unwahrscheinlich, da die Korrektur eine persönliche Kenntnis über den Zustand des Gebäudes voraussetzt. Zudem existiert bei dieser Passage ebenso eine Relation zu der *Italienischen Reise*, denn die beschriebenen Säulen befinden sich im ,Juno-Lacinia Tempel', wie weiter oben auf der Seite deutlich wird. Jenen Tempel beschreibt auch Goethe in seinem Text:

> Und so gelangten wir an das östliche Ende der Stadt, wo die Trümmer des Juno-Tempels jährlich mehr verfallen, weil eben der lockre Stein von Luft und Witterung aufgezehrt wird. Heute sollte nur eine kursorische Beschauung angestellt werden, aber schon wählte sich Kniep[185] die Punkte, von welchen aus er morgen zeichnen wollte (Goethe IR 1, S. 295).

Auch wenn er ihn nur als ,Juno-Tempel' bezeichnet, ist derselbe gemeint. Beide Begriffe waren für diesen Tempel geläufig.

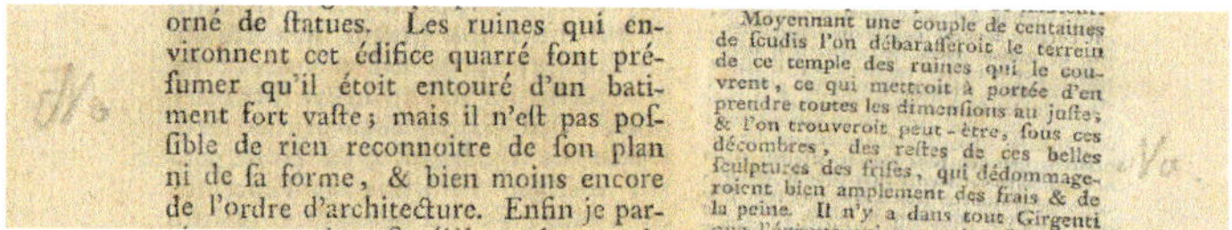

No

orné de ſtatues. Les ruines qui environnent cet édifice quarré ſont préſumer qu'il étoit entouré d'un batiment fort vaſte; mais il n'eſt pas poſſible de rien reconnoitre de ſon plan ni de ſa forme, & bien moins encore de l'ordre d'architecture. Enfin je par-

Moyennant une couple de centaines de ſcudis l'on débarasseroit le terrein de ce temple des ruines qui le couvrent, ce qui mettroit à portée d'en prendre toutes les dimenſions au juſte; & l'on trouveroit peut-être, ſous ces décombres, des reſtes de ces belles ſculptures des friſes, qui dédommageroient bien amplement des frais & de la peine. Il n'y a dans tout Girgenti

No.

Abb. 15: Marginalie, Bleistift von J. W. von Goethe. In: Ried SG, S. 44 und S. 49.

Zwei weitere Marginalien sind die mit Bleistift verfassten Abkürzungen „No" und „No." (Ried SG, S. 44 und S. 29). Sie unterscheiden sich nur den Punkt, sind wenige Seiten voneinander entfernt und beziehen sich auf einen ähnlichen Inhalt: die Beschreibungen von Tempeln und Ruinen. Die erste Marginalie dieser Art „No" (Ried SG, S. 44) hat Goethe neben dem Absatz geschrieben, der die architektonischen Besonderheiten des Grabmals des Tyrannen Therons erläutert: „Les ruines qui environnent cet édifice quarré sont présumer qu'il étoit entouré d'un batiment sort vaste; mais il n'est pas possible de rien reconnaitre de son plan ni de sa forme, & bien moins encore de l'ordre d'architecture" (Ried SG, S. 44). In der *Italienischen Reise* geht Goethe auch auf dieses Grabmal ein, aber er

[185] Gemeint ist der deutsche Porträt-, Veduten- und Landschaftszeichner Christoph Heinrich Kniep (1755–1825). Er begleitete Goethe auf seiner Reise (1787) von Neapel nach Sizilien, die durch Goethes Freund Johann Heinrich Wilhelm Tischbein vermittelt wurde. Nach der Trennung von Goethe auf der Rückreise von Sizilien blieb Kniep in Neapel.

stellt das Monument nicht so detailliert dar wie Riedesel, sondern konzentriert sich auf die Beschreibung der Umgebung:

> Nun stiegen wir zum Grabmal Therons hinab und erfreuten uns der Gegenwart dieses so oft nachgebildet gesehenen Monuments, besonders da es uns zum Vorgrunde diente einer wundersamen Ansicht: denn man schaute von Westen nach Osten an dem Felslager hin, auf welchem die lückenhaften Stadtmauern, sowie durch sie und über ihnen die Reste der Tempel zu sehen waren. Unter Hackerts kunstreicher Hand ist diese Ansicht zum erfreulichen Bilde geworden, Kniep wird einen Umriß auch hier nicht fehlen lassen (Goethe IR 1, S. 296).

Die zweite Marginalie dieser Art „No." (Ried SG, S. 49) ist in einem Abschnitt zu finden, der den Jupiter-Tempel ausführlich beschreibt:

> Moyennant un couple de centaines de feudis l'on débarasseroit le terrain de ce temple des ruines qui le couvient, ce qui mettroit à pottée d'cu preudre toutes les dimensions au juste; & l'on trouveroit peut - ètre sous ces decombres des reltes de ces belles Sculptures des frises, qui décommage-roient bien amplement des frais & de la peine (Ried SG, S. 49).

Diese Stelle ist der letzte Passus dazu – davor geht es bereits um den Jupiter-Tempel, in dem Riedesel insbesondere dessen architektonische Beschaffenheit beschreibt und seine Besonderheit sowie Schönheit hervorhebt (Vgl. Ried SG, S. 31). Goethes Marginalie „No." ist auf der Höhe der Passage angebracht, bei der es um die Bildhauerei und um den Fries geht. Wird dies mit der *Italienischen Reise* abgeglichen, zeigen sich auch hier inhaltliche Parallelen (Ried SG, S. 31). Goethe besuchte ebenfalls den Jupitertempel und schrieb darüber:

> Die nächste Station ward sodann bei den Ruinen des Jupiter-Tempels gehalten. Dieser liegt weit gestreckt, wie die Knochenmasse eines Riesengerippes, inner- und unterhalb mehrerer kleinen Besitzungen, von Zäunen durchschnitten, von höheren und niederen Pflanzen durchwachsen. Alles Gebildete ist aus diesen Schutthaufen verschwunden, außer einem ungeheuren Triglyph und einem Stück einer demselben proportionierten Halbsäule. Jenen maß ich mit ausgespannten Armen und konnte ihn nicht erklaftern, von der Kannelierung der Säule hingegen kann dies einen Begriff geben, daß ich, darinstehend, dieselbe als eine kleine Nische ausfüllte, mit beiden Schultern anstoßend. Zwei und zwanzig Männer, im Kreise nebeneinandergestellt, würden ungefähr die Peripherie einer solchen Säule bilden. Wir schieden mit den unangenehmen Gefühlen, daß hier für den Zeichner gar nichts zu tun sei (Goethe IR 1, S. 295f.).

Was die Abkürzungen „No." und „No" bedeuten, ist nicht ersichtlich. Normalerweise stehen die beiden Buchstaben für ‚Nummer', aber weder bei Riedesel noch bei Goethe wird irgendeine Zahl genannt. Es könnte sich vielleicht um die Abkürzung für ‚Nordost' handeln, denn Goethe erwähnt insbesondere bei seinen Schilderungen den Blick nach Osten. Die Art der Marginalie und der Zweck des Punktes zu entschlüsseln, erweist sich ebenfalls als schwierig, da die Bedeutung der Abkürzung in diesem Zusammenhang nicht bekannt ist.

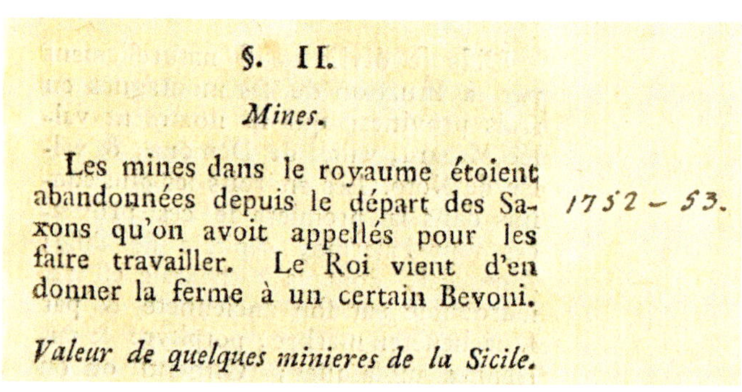
§. II.

Mines.

Les mines dans le royaume étoient abandonnées depuis le départ des Saxons qu'on avoit appellés pour les faire travailler. Le Roi vient d'en donner la ferme à un certain Bevoni. 1752 – 53.

Valeur de quelques minieres de la Sicile.

Abb. 16: Marginalie, Tinte von J. W. von Goethe. In: Ried SG, S. 31.

Die einzige Marginalie in diesem Band ohne inhaltlicher Parallele zu Goethes Reisebericht ist die mit Tinte verfasste Jahreszahl „1752–53" (Ried SG, S. 31). Im Kapitel über Mienen heißt es: „Les mines dans le royaume étoient abandonnées depuis le départ des Saxons qu'on avoit appellés pour les faire travailler" (Ried SG, S. 291). Doch Goethe erwähnt weder die Minen noch die Jahreszahl im Tagebuch oder in der *Italienischen Reise*. Was die Marginalie bedeutet, bleibt daher unklar.

Wie bei den Reiseführern von Volkmann gibt es auch in diesem Indizien für die Theorie, dass Goethe nicht nur die Passagen bei den stiftlichen Lesespuren gelesen hat, sondern das jeweilige ganze Kapitel oder sogar das gesamte Buch. Im Kapitel über ‚Girgent' in der *Italienischen Reise* nennt er viele Monumente und Besonderheiten wie den Tempel von Concordia, den Tempel Jupiters, verschiedene Ruinen, Götter, Kirchen und die reiche Vegetation Girgents, die auch bei Riedesel vorkommen.

Zudem hat Goethe einen ähnlichen Erzählstil wie Riedesel. Dies ist nicht verwunderlich, da er explizit in diesem Kapitel bestätigt, Riedesels Reiselektüre auf die Reise mitgenommen und als Inspiration genutzt zu haben, er spricht von ihm sogar als „Mentor“ und „treffliche[n] Mann“:

> Aus frommer Scheu habe ich bisher den Namen nicht genannt des Mentors, auf den ich von Zeit zu Zeit hinblicke und hinhorche; es ist der treffliche von Riedesel, dessen Büchlein ich wie ein Brevier oder Talisman am Busen trage. Sehr gern habe ich mich immer in solchen Wesen bespiegelt, die das besitzen, was mir abgeht, und so ist es grade hier: ruhiger Vorsatz, Sicherheit des Zwecks, reinliche, schickliche Mittel, Vorbereitung und Kenntnis, inniges Verhältnis zu einem meisterhaft Belehrenden, zu Winckelmann; dies alles geht mir ab und alles Übrige, was daraus entspringt. Und doch kann ich mir nicht feind sein, dass ich das zu erschleichen, zu erstürmen, zu erlisten suche, was mir während meines Lebens auf dem gewöhnlichen Wege versagt war. Möge jener treffliche Mann in diesem Augenblick mitten in dem Weltgetümmel empfinden, wie ein dankbarer Nachfahr seine Verdienste feiert, einsam in dem einsamen Orte, der auch für ihn so viel Reize hatte, dass er sogar hier, vergessen von den Seinigen und ihrer vergessend, seine Tage zuzubringen wünschte (Goethe IR 1, S. 295).

Dadurch wird deutlich, dass Goethe das Buch auf der Reise mitführte, es während der Reise las und erneut Passagen durchgegangen ist, während und nachdem er an den entsprechenden Orten war. In all diesen Situationen, im Vorfelde zur Vorbereitung oder im Anschluss, als er die *Italienische Reise* verfasste, können die stiftlichen Lesespuren entstanden sein.

4.2.4 Goethes in Italien erworbene Bücher am Beispiel von Andrea Palladios *I quattro libri dell' architettura di Andrea Palladio*

Neben den Büchern von Volkmann und Riedesel waren weitere Quellen für die Niederschrift der *Italienischen Reise* essenziell, wie die Bücher, die Goethe in Italien erworben hat. Wie viele er genau in Italien erstand, ist noch nicht exakt bestimmt worden. Eine Rekonstruktion wäre jedoch nur eine Annäherung, da zu wenig über den Erwerb der Bände bekannt ist. Goethe vernichtete viele Briefe aus der Zeit, die darüber hätten Aufschluss geben können, und nicht alle Ausgaben sind in den Rechnungsbüchern vermerkt worden.

Eine mögliche Konvergenz wäre es, die in Italienisch verfassten Bände in Goethes Privatbibliothek und die auf Italien bezogenen Themen mit den Erscheinungsdaten abzugleichen. Doch müssten zusätzlich zumindest die Bucheinsendungen dieser Gruppe, von denen bekannt ist, dass Goethe sie nicht in Italien erwarb, abgezogen und die Austauschprozesse im deutsch-italienischen Buchhandel der Zeit recherchiert werden. Das alles wäre perspektivisch für eine umfangreichere Forschungsarbeit geeignet. Daher werden exemplarisch die wenigen Bücher fokussiert, die Goethe nachweislich in Italien kaufte.

Darunter waren die zwanzig *Opernlibretti*[186], von denen das exakte Kaufdatum nicht überliefert ist und *L' Architettura Di M. Vitruvio Pollione: Colla traduzione Italiana e Comento del Marchese Berardo Galiani*[187] von Vitruvius, die er zu Beginn seiner Italienreise im Oktober 1786 in Venedig kaufte: „[...] ich will mir einen Vitruv kaufen und mir eine Freude bereiten, die auch außer Venedig und dem Carneval dauert" (Goethe TB 1, S. 264). Nachfolgend wird beispielhaft ein Exemplar aus diesem Komplex

[186] Es sind insgesamt 23 Libretti mit den Druckjahren 1786 bis 1790. Diese sind in den drei Konvoluten: Italienische Textbücher 1786–1787 (Ruppert 2598), Italienische Textbücher 1786–1788 (Ruppert 2599) sowie Italienische Textbücher 1786–1790 (Ruppert 2600) zu finden. Die Titel der Sammelbände stammen von Ruppert. In der Goethe Bibliothek Online ist zwar bei den einzelnen Schriften vermerkt, zu welchem Band sie gehören, so dass sie unter den Signaturen der Sammelbände zu finden sind. Die Sammelbände als Ganzes wurden jedoch nicht extra aufgenommen.

[187] Vgl. dazu Vitruvius, Marcus: L' Architettura Di M. Vitruvio Pollione: Colla raduzione Italiana e Comento del Marchese Berardo Galiani. Neapel 1758 (Ruppert 1461).

betrachtet: *I quattro libri dell' architettura di Andrea Palladio*[188] von Andrea Palladio, im Original 1570 in Venedig in zwei Bänden erschienen. Denn es spielt für Goethes Darstellung der Renaissance-Architektur in Italien in seinem Werk eine zentrale Rolle. Dies erwarb der Reisende 1786 in Padua: „Auch hab ich heut die Wercke des Palladio gekauft einen Folioband" (Goethe TB 1, S. 242). Zwar kaufte Goethe nicht die erste Ausgabe, aber einen sorgfältigen Nachdruck. Der Autor dieses Werkes, Andrea Palladio (1508–1580), war ein bedeutender Architekt der Renaissance in Oberitalien und zudem der erste Berufsarchitekt, der ausschließlich als solcher tätig war. Dabei orientierte er sich vor allem an der römischen Antike und an den bedeutenden Architekten der italienischen Renaissance wie Michelangelo, Bramante, Sanmicheli oder Sansovino.
In der *Italienischen Reise* gibt es mehrere Erwähnungen über Palladio – insgesamt erwähnt Goethe Palladio 24-mal – im Tagebuch sogar 62-mal. Kein anderer Schriftsteller eines Buches der Privatbibliothek wurde so oft in der *Italienischen Reise* genannt.
In Goethes Palladio-Exemplar sind außerdem einige stiftliche Lesespuren zu finden, die von der Lektüre zeugen. So sind im digitalen Verzeichnis der ‚Goethe Bibliothek Online' im vierten Kapitel von Seite 101 bis Seite 104 Bleistiftskizzen, Maßangaben, Zahlen und Notizen von Goethes Hand vermerkt, wie auf der unteren Abbildung erkennbar ist. Bei der eigenen Sichtung des Originals ist eine weitere nonverbale Bleistiftmarginalie auf Seite 59, des ersten Kapitels, gefunden worden.

[188] Vgl. dazu: Pall QA.

Abb. 17: Bleistiftskizzen von J. W. von Goethe. In: Pall QA, S. 104.

Goethe betrachtete Palladio als den Erneuerer der Antike, der ihm das Altertum erschließen sollte: „Palladios hat mir den Weg [...] zu aller Kunst und Leben geöffnet" (Goethe IR 1, S. 94). Dabei nimmt das Buch des Architekten eine zentrale Rolle für Goethes Kunsterlebnis während seiner Reise ein, das er später literarisch verarbeitete. Palladio bedeutete für ihn das, was Virgil für den Dante der *Divina Commedia* war.[189] Die bloße Lektüre reichte Goethe jedoch nicht aus, um Palladios Werk vollends zu begreifen. Er wollte den von Palladio geprägten Architekturstil – den Palladianismus – der sich ausgehend von England über ganz Europa verbreitete – selbst sehen, denn „wenn man diese Wercke nicht gegenwärtig sieht, hat man doch keinen Begriff davon" (Goethe TB 1, S. 225).

---

[189] Vgl. Paumgardhen, Paola: Auch ich in Italien. Johann Caspar, Johann Wolfgang, August Goethe. Eine Dreistimmige Reise-Biographie. Würzburg 2019, S. 139.

In Italien hatte der Literat die Absicht, nicht nur Palladios Kunst zu erfassen, sie zu sehen und sie zu begreifen, sondern das Originalgenie gab Goethe:

> einen Begriff davon, wie man das freie, öffentliche und sinnlich befriedigende Leben des modernen Italiens genießen konnte, ohne sich von der katholischen Religion, die so wesentlich dazugehört, vereinnahmen oder abstoßen zu lassen, und wie man heidnischen Werten schöpferisch die Treue halten konnte, ohne in verkniffene Altertümelei zu verfallen.[190]

Besonders Vicenza, mit den vielen Palästen des Palladio, war ein zentrales Ziel von Goethes Reise. Sobald er in Vicenza ankam, zog es ihn zu Palladios Werken, so beginnt sein Bericht über die ‚Begegnung' mit ihm folgendermaßen: „Vor einigen Stunden bin ich hier angekommen, habe schon die Stadt durchlaufen, das Olympische Theater und die Gebäude des Palladio gesehen" (Goethe IR 1, S. 57). Am nächsten Tag schrieb Goethe an Charlotte von Stein: „Heute habe ich wieder an des Palladio Werken geschwelgt" (Goethe TB 1, S. 228). Bekannt ist in Vincenza vor allem Palladios Villa Rotonda, die von außen einem antiken Tempel mit vier Tempeltoren in jede Himmelsrichtung ähnelt. Jene besuchte auch Goethe und verarbeitete es literarisch:

> Heute besuchte ich das eine halbe Stunde von der Stadt auf einer angenehmen Höhe liegende Prachthaus, die Rotonda genannt. Es ist ein viereckiges Gebäude, das einen runden, von oben erleuchteten Saal in sich schließt. Von allen vier Seiten steigt man auf breiten Treppen hinan und gelangt jedes Mal in eine Vorhalle, die von sechs korinthischen Säulen gebildet wird (Goethe IR 1, S. 60).

Um die Bauten Palladios zu finden, führte Goethe professionelle Reiseführer mit sich. Dafür nutzte er unter anderem den von Volkmann, weil dieser auch über Palladio schrieb: „Aus Palladio und Volkmann wusste ich, daß ein köstlicher Tempel der Minerva, zu Zeiten Augusts gebaut, noch vollkommen erhalten dastehe" (Goethe IR 1, S. 124). Diese Reiseführer dienten der Vorbereitung der Reise und der späteren Rückbesinnung. Aus den angeführten Zitaten gehen ebenso Goethes enorme

---

[190] Vgl. Boyle, Nicholas: Goethe. Der Dichter in seiner Zeit 1749–1790. Frankfurt am Main 2004, S. 481f.

Begeisterung für den Architekten wie die Bedeutsamkeit von dessen Werken für ihn hervor.
Die Schilderung in der gedruckten Version der *Italienischen Reise* lässt den Eindruck entstehen, dass Goethe Texte von Palladio erst in Italien las: „Mit der Baukunst geht es täglich besser" (Goethe TB 1, S. 266f.) Doch dies war nicht der Fall, denn der Literat beschäftigte sich bereits vor seiner Reise ausführlich mit Palladio, den er bewunderte und den er für einen „recht innerlich und von innen heraus großen Menschen" (Goethe IR 1, S. 57) hielt. So begegnete dieser ihm schon im Hause seines Vaters, der auf seiner eigenen Reise Palladios Werke sah, davon erzählte, einen Reisebericht schrieb und dessen Manuskript Goethe las.[191] Außerdem hatte Goethe in Weimar die Gelegenheit, Palladios Bauten durch Abbildungen kennenzulernen, wahrscheinlich durch Bertottis Werkverzeichnis und Volkmanns Edition von Joachim von Sandrarts *Teutsche Academie der Bau-Bildhauer- und Malerkunst*[192] (1768–1775) sowie durch Scamozzi Bertottis (1719 – 1790) Vicenza-Führer[193], den Goethe auch besaß.[194] Darüber hinaus verfügte er explizit über die Kenntnis palladianischer Architektur, die durch fürstliche Mäzene in Deutschland verbreitet wurde – besonders durch Fürst Franz von Anhalt-Dessau (1740–1817).[195] Goethe begleitete seinen Dienstherren Carl August von Sachsen-Weimar-Eisenach (1757–1828) sieben Mal zu diesem Fürsten. In dessen Bibliothek standen die Bücher Palladios und Goethe hatte oft mit Franz von Anhalt-Dessau über diese Architektur gesprochen.[196]

Goethe wollte mit seiner beschriebenen naiven Unwissenheit über Palladio ein bestimmtes Bild vermitteln. Es wirkte besser, wenn Goethe den bedeutenden Architekten erst entdeckt hätte, nachdem er seine Werke in Italien gesehen und begriffen hatte. Damit überblendete Goethe seine persönlichen, authentischen Erinnerungen. Es wurde ein konstruiertes

[191] Vgl. Einem (1972), S. 137.
[192] Vgl. Sandrart, Joachim: Teutsche Academie der Bau-Bildhauer- und Malerkunst. Nürnberg 1773 (Ruppert 2322).
[193] Vgl. Bertotti, Scamozzi: Forestiere Istruito Delle Cose Più Rare Di Architettura, Edi alcune Pitture Della Città Di Vicenza. Vincenza 1761 (Ruppert 2217).
[194] Vgl. Günther, Hubertus: Goethe begegnet Palladio. In: Jahrbuch des Freien Deutschen Hochstifts. Hg. von Anne Bohnenkamp. Frankfurt 2021, S. 72.
[195] Vgl. Keller, Harald: Goethe, Palladio und England. München 1971, S. 9.
[196] Vgl. Günther (2021), S. 94.

Erlebnis mithilfe des Wissens aus den Quellen wie diesen geschaffen. Die inhaltliche Diskrepanz zwischen den Notizen im Originaltagebuch und dem gedruckten Werk komplementiert den Eindruck, denn Goethe beschreibt Besuche von Gebäuden, die im Tagebuch nicht vorkommen. Aus diesem Grund liegt die Theorie nahe, dass er dieses Buch abermals zur Hand nahm, als er viele Jahrzehnte später die *Italienische Reise* verfasste: zur Stilisierung, Füllung der Erinnerungslücken und Vervollständigung des Eindruckes, den er erschaffen wollte. Die Tatsache, dass Goethe bei der gedruckten Version, wieder viele, der eben genannten Passagen wegließ und mit dem Abstand der Jahre seine Begeisterung für Palladio abnahm, ergänzt wiederum das Bild.

Die intensive Auseinandersetzung Goethes mit diesem Text sowie die literarische Umsetzung der gewonnenen Informationen in der *Italienischen Reise* sind weitere Indizien dafür, dass er Buchgelehrsamkeit betrieb, sein Werk nicht authentisch ist, es nicht von nativen Betrachtungen und Reiseerfahrungen zeugt, sondern es ein Konstrukt sowie stilisiert ist. Es wird deutlich, dass Goethe diesen Band in Italien gekauft hat, ihn dort las und das Wissen auch in sein Reisebericht einfließen ließ. Die gekauften Bücher Goethes in Italien sind ein weiterer Beleg dafür, dass er nur jene behielt, die essenziell für ihn und seine Arbeit waren, einen emotionalen Wert für ihn hatten und deren Kenntnisse er in sein eigenes literarisches Werk miteinfließen ließ. Die Lesespuren verdeutlichen wiederum, dass er sich mit den Büchern auseinandersetzte und ihren Inhalt literarisch verarbeitete.

4.3 Goethes Ausleihen

Es gibt eine weitere Gruppe von Büchern, die zu betrachten ist, um die Privatbibliothek Goethes in ihrer Gesamtheit zu erfassen, um zu verstehen, wie er arbeitete und um alle potenziellen Bücher in den Fokus zu rücken, die bei dem Entstehungsprozess der *Italienischen Reise* relevant waren: Goethes Ausleihen. Denn die private Bibliothek eines Autors muss im Kontext seines Rezeptions- und Schaffensraums gesehen werden.[197] Darauf hat nicht nur die Zirkulation von Literatur im persönlichen Umkreis einen Einfluss, sondern vor allem das Entleihen von Büchern aus einer öffentlichen Bibliothek.[198] Dabei gehören die literarischen Ausleihen zur ‚virtuellen Autorenbibliothek'. Diese umfasst sämtliche Lektüren, die Goethe im Laufe seines Lebens gelesen hat und die damit auch die individuellen Entwicklungsprozesse sowie Lesepräferenzen evidenter darstellt, als es die ‚reale Bibliothek' vermag.[199] Um die Ausleihen nachvollziehen zu können, werden persönliche Leselisten, Tagebucheinträge, Briefe, aber besonders Ausleihverzeichnisse von Bibliotheken herangezogen.

Goethe lieh viele Bücher aus verschiedenen Bibliotheken wie Jena, Weimar und Göttingen aus, die er las und für seine Arbeit benutzte, die jedoch nicht in seiner Privatbibliothek standen. Seine Bibliothek wäre anders ausgestattet gewesen, „wenn er nicht so reichhaltige und für ihn leicht zugängliche Büchereien in seiner Nähe gewusst hätte. [Seine Privatbibliothek] ist gleichsam im Schatten dieser Institute herangewachsen und nicht wie ein Baum auf freier Fläche."[200] So lieh Goethe beispielsweise von 1775 bis 1832 mehr als 3300 Bände aller Wissensgebiete aus der Herzoglichen Bibliothek in Weimar aus.[201] Neben gedruckten Büchern entlieh er auch Handschriften wie die Aufzeichnungen der Italienreise von Herzogin Anna Amalia (1739–1807) von 1788 bis 1790. Goethes Ausleihen aus der herzoglichen Bibliothek sind im Weimarer Verzeichnis

[197] Vgl. Krumeich (2015), S. 61.
[198] Vgl. ebd.
[199] Vgl. ebd.
[200] Wachsmuth (1958a), S. 179.
[201] Vgl. Höppner (2022), S. 369.

bis zum Jahr 1778 rückverfolgbar.[202] Bereits das erste Ausleihbuch zeigt zum Beispiel einen Übertrag von 29 Büchern, die er zwischen 1778 und 1791 entliehen, aber bis 1792 noch nicht zurückgeschickt hatte. Goethe nutzte die Herzogliche Bibliothek als Wissensarchiv für sein literarisches und wissenschaftliches Arbeiten. Sie hatte auch einen starken Einfluss auf den Bestandsaufbau der Sammlung, was wiederum einen Effekt auf seine Privatbibliothek hatte. Zudem war er von 1797 bis 1832 Oberaufseher der Bibliothek und genoss deswegen besondere Privilegien. In diesem Sinne konnte der Literat Neuanschaffungen direkt einsehen, Bücher mit nach Hause nehmen und sie für Monate oder gar Jahre ausleihen.[203] Um die genaue Zahl der Ausleihen zu bestimmen, werden zurzeit an der Herzogin Anna Amalia Bibliothek Weimar, innerhalb des Projekts ‚Goethes Bibliotheken in Weimar', die Entleihungen Goethes neu erschlossen. Dabei wird unter anderem das ‚Keudell-Verzeichnis'[204] von 1931 revidiert und eine neue Zählung für die ‚Goethe-Ausleihen Weimar' vorgenommen.

Ausleihen waren ein zentrales Hilfsmittel bei Goethes Arbeit und eine Ergänzung seiner privaten Bibliothek in Weimar.[205] Seine Ausleihen zeugen auch von seinem regen Interesse und seiner Auseinandersetzung mit der jeweiligen Thematik, hier solche mit Italienbezug. Darüber hinaus liefern sie weitere Indizien dafür, dass die *Italienische Reise* ein Konstrukt ist.

In diesem Sinne lieh Goethe zum Beispiel vom 27. April 1814 bis zum 07. Mai 1814 das Buch *Denkwürdigkeiten aus der Staatsverfassung der Republik Venedig*[206] von Johann Christoph Maier (1757–1822), erschienen 1796 in Leipzig, aus. Darin geht es nicht nur um die Staatsverfassung Venedigs, sondern auch um seine Geschichte, die Regierungsform, den Handel und mehr. Solche Ausleihen fanden vor allem um 1814 bis 1817 sowie 1829 statt, also in den Phasen, in denen er an der *Italienischen Reise*

[202] Vgl. Krumeich (2015), S. 61.
[203] Vgl. Müller, Karla: Goethes Jenaer Bibliotheksgeschäft. Jena 2016, S. 51.
[204] Vgl. dazu Keudell, Elise: Goethe als Benutzer der Weimarer Bibliothek. Ein Verzeichnis der von ihm ausgeliehenen Werke. Weimar 1931.
[205] Vgl. Höppner (2022), S. 281f.
[206] Vgl. Maier, Johann Christoph: Denkwürdigkeiten aus der Staatsverfassung der Republik Venedig. Leipzig 1796.

arbeitete.[207] Im Zuge dessen befasste Goethe sich ausgiebig mit Venedig, besuchte die Lagunenstadt und beschrieb diese detailliert im Reisebericht. In dem Kapitel über Venedig erwähnt er unter anderem Themen, die auch in der Ausleihe behandelt werden:

> Und wenn auch ihre Lagunen sich nach und nach ausfüllen, böse Dünste über dem Sumpfe schweben, ihr Handel geschwächt, ihre Macht gesunken ist, so wird die ganze Anlage der Republik und ihr Wesen nicht einen Augenblick dem Beobachter weniger ehrwürdig sein. Sie unterliegt der Zeit, wie alles, was ein erscheinendes Dasein hat (Goethe IR 1, S. 75).

Eine andere Ausleihe Goethes zum Thema Italien war *Pitture scolture ed architetture delle chiese luoghi pubblici, palazzi, e case della citta di Bologna*[208] von Carlo Cesare Malvasia (1757–1822), erschienen 1783 in Bologna. Das Buch hatte er vom 08. April 1816 bis zum 06. Mai 1816 ausgeliehen. Es beschreibt die Architektur Bolognas, die ein Interessensgebiet Goethes war. Wie bei dieser Arbeit ersichtlich wurde, beschäftigte sich Goethe ausführlich mit Bologna und befragte dazu Volkmanns Reiseführer. Darin fanden sich viele Lesespuren und Bologna wurde auch in der *Italienischen Reise* umfangreich beschrieben.

Diese kurze exemplarische Darstellung bezweckt zu illustrieren, wie Goethes Ausleihen seine Interessensgebiete widerspiegelten und es plausibel ist, dass er diese oder ähnliche Quellen für die Recherche der *Italienischen Reise* verwendete, da es sowohl thematisch als auch zeitlich möglich gewesen wäre. Damit soll hervorgehoben werden, wie viel Goethes Ausleihen zum Entstehungsprozess seiner Publikationen beitrugen und dass sie wertvolle Indizien liefern.

---

[207] Vgl. Höppner, Stefan u. a. URL: https://vfr.mww-forschung.de/en/web/goethedigital/vikus (zuletzt aufgerufen am 11.07.22). In der Visualisierung werden die thematischen Schwerpunkte sichtbar.

[208] Vgl. Malvasia, Carlo Cesare: Pitture scolture ed architetture delle chiese luoghi pubblici, palazzi, e case della citta di Bologna. Bologna 1782.

5. Fazit: „[M]an fühlt sich [in der Bibliothek] wie in der Gegenwart eines großen Kapitals, das geräuschlos unberechenbare Zinsen spendet“[209]

Die Privatbibliothek von Johann Wolfgang von Goethe in Weimar ist aufgrund ihrer Geschichte, ihrer kulturellen Bedeutung, ihres Buchbestands und ihres Facettenreichtums eine essenzielle Quelle, um die Arbeits- und Schaffensphasen Goethes, seine Lektüren, Interessensgebiete und insbesondere die Entstehungsgeschichte einzelner Texte besser nachzuvollziehen. Sie hat sich kontinuierlich weiterentwickelt – historische Entwicklungen, Schenkungen, Persönlichkeiten, Reisen sowie Umzüge haben sie geprägt und nachhaltig verändert. Diese Bibliothek ist eine der wenigen Autorenbibliotheken, die sich noch an ihrem Ursprungsort befindet. Sie blieb außerdem nahezu in dem Zustand erhalten, den sie bei Goethes Tod aufwies.
Die Privatbibliothek offenbart, wie Goethe mit seinen Büchern umging, und veranschaulicht seine Schreib- und Arbeitspraxis. In ihr werden mannigfaltige Perspektiven und unterschiedliche Aspekte sichtbar. So ist sie eine typische Autorenbibliothek der Zeit und erfüllt verschiedene Funktionen. Besonders eine sticht dabei hervor, da sie eng mit der Entstehung der *Italienischen Reise* verbunden ist – die der Nachlassbibliothek. Goethes Bemühungen um seinen Nachlass, zu dem die Bibliothek gehörte, waren ein Komplement seiner Werkpolitik, die auch auf sein materielles Vermächtnis abzielte. Die Nachlassbibliothek fungiert als Medium zur Inszenierung des global rezipierten, national bedeutsamen und in der Forschung kanonisierten Autors, das sich wiederum in seinen Werken widerspiegelt. Dabei ist Goethes Nachlassbewusstsein ein Resultat seiner lebenslangen Problemreaktionsaktivität, die von dem Dilemma angestoßen wurde, dass der Nachruhm eine kontingente Angelegenheit war und diese beeinflusst werden sollte.

Goethes *Italienische Reise* war eines dieser Projekte, mit dem er ein konstruiertes Bild für die Nachwelt erschuf. Dabei ist der Reisebericht kein authentisches Dokument, denn er ist aus der Retrospektive entstanden und das Ergebnis eines sorgfältigen Durcharbeitens nach den ästhetischen Grundsätzen, die Goethe im Alter verfolgte. Goethe hatte nicht nur

[209] Goethe MA, Bd. 14, S. 69.

seine Reiseerlebnisse wiedergegeben, sondern seine Aufzeichnungen 30 Jahre später umgeschrieben. So konnte Goethe sein posthumes Bild mitgestalten, da es ihm vor allem darum ging, sein Bild in der Nachwelt zu beeinflussen, nicht um das Beschreiben einzelner Lebensabschnitte. Daher ist der Reisebericht ein Konstrukt, bei dem ein Spannungsverhältnis zwischen Authentizität und dem literarischen Konstrukt vorliegt.

Dieses Vorhaben führte zu einer inhaltlichen und stilistischen Veränderung des Reiseberichtes – zu einer distanzierten Darstellung, bei der er beispielsweise den persönlichen Ton herausnahm und das Pathos sowie die Begeisterung, die in den Tagebüchern zu spüren waren, reduzierte. Zudem wurden Passagen gekürzt oder weggelassen, Verweise auf andere Quellen wie auf den dreibändigen Reisebericht von Johann Jacob Volkmann und den von Johann Hermann Riedesel eliminiert und Erlebnisse auf andere Tage verschoben. Damit findet eine Simulation von Unmittelbarkeit statt. Bei der Betrachtung der Privatbibliothek Goethes und dieser exemplarischen Bände wurde auch deutlich, dass der Literat diese Schriften konsultierte und das Wissen daraus in seinen Reisebericht einfloss, was die These des Konstruktes und der Stilisierung untermauert. Dies tritt zudem durch die diversen Lesespuren in den Bänden hervor.

So sind bei der Analyse des dritten Bandes von Volkmanns Reisebericht 38 Lesespuren identifiziert worden, von denen 21 Marginalien sind. Damit weist dieser Band von den untersuchten Büchern die meisten Marginalien auf. Die beträchtliche Anzahl der verbalen Lesespuren überrascht, weil Goethe normalerweise selten in seine Bücher schrieb. Vielmehr favorisierte er es, Notizen separat auf einem Papier anzufertigen. Daher ist dieser Band für Interpretationen auch so wertvoll. Es scheint naheliegend, dass die Randbemerkungen während der Fahrt entstanden sind und er der Einfachheit halber in das Buch schrieb, da etwaige Papiere auf der Reise drohten, verloren zu gehen.

Auffällig war auch, dass unter den nonverbalen Lesespuren keine Unterstreichungen, sondern nur Anstreichungen existieren. Den Großteil der stiftlichen Lesespuren und Marginalien fertigte der Literat mit Bleistift (18 Stück) an, doch einige Marginalien wurden auch mit anderen Schreibgeräten, wie einer Feder oder einem Rötelstift verfasst.

Die meisten stiftlichen Lesespuren sind in den Kapiteln über Venedig (16 Lesespuren), Verona (14 Lesespuren), Rom (drei Lesespuren), Padua

(zwei Lesespuren), Vincenza und Ferrara (jeweils mit einer Lesespur) zu finden. Das sind alles Orte, an denen Goethe sich lange aufhielt und die ausführlich in seinem Reisebericht beschrieben werden.
Zudem gibt es viele inhaltliche Parallelen mit dem Inhalt der *Italienischen Reise*, die aussagekräftig beim Rekonstruieren des Leseprozesses Goethes sind: Von den 38 stiftlichen Lesespuren haben 22 Übereinstimmungen mit dem Inhalt in Goethes Text ergeben. Sie teilen sich in fünf An- und Unterstreichungen und 17 Marginalien auf. Besonders viele Kongruenzen gab es bei den Datumsangaben und des Zeitpunktes von Goethes Aufenthalt an den entsprechenden Tagen in Italien sowie bei der damit verbundenen literarischen Verarbeitung: Von den 15 Datumsangaben haben wiederum 12 eine inhaltliche Kongruenz gezeigt. Am auffälligsten war, dass Goethe bei den geschriebenen Datumsangaben am Rand tatsächlich an dem Tag dort war und dies später literarisch integrierte. Hervorstechende Besonderheiten bei diesem Band sind die Datumsangaben, einzelne Lexeme, die Kombination von Zahlen und Wörtern, dass sich Anstreichungen häufig auf längere Passagen erstrecken und die Unterstreichungen meist nur einzelne Wörter sowie Sätze betreffen.

Mit 47 Lesespuren weist der erste Band von den betrachteten Reiseführern die meisten auf. Überwogen bei Band drei noch die Marginalien, sind es hier allerdings die An- und Unterstreichungen (24 Unterstreichungen, eine Anstreichung). Marginalien sind mit einer Anzahl von sieben weniger häufig vertreten. Dafür sind diese exzeptionell, weil lange, handschriftliche und italienische Passagen vorhanden sind (sechs Stück). Überdies wurde in dem Band eine neue Art der Lesespur gefunden: Kreuze, die neun Mal vorkommen sowie selektiv-rezeptive Spuren sind, da sie größere Bereiche markieren und weniger auf den gelesenen Text als Ganzes als auf einzelne Stellen hinweisen. Von den 47 Lesespuren gab es bei 10 Übereinstimmungen mit dem Inhalt der *Italienischen Reise*.
Die meisten stiftliche Lesespuren sind im Kapitel über Bologna (30) zu finden, gefolgt von Siena mit 13 Lesespuren, Mailand mit drei und Parma mit einer Lesespur.
Wurde zuvor in Hinblick auf Band drei nur die Hypothese aufgeworfen, dass Goethe von Volkmann inspiriert wurde, fanden sich in Band eins mehrere Beweise dafür. So schrieb der Literat in seinem Reisebericht

explizit, von Volkmann geleitet worden zu sein und von dem spezifischen Zweck der Lesespuren. Die Lesespuren sind zudem Merkzeichen unterschiedlicher Art und fungieren als Markierungen für besuchte Orte. Das bedeutet aber nicht, dass Goethe jene Orte, zu denen keine Lesespuren existieren, nicht besucht oder literarisch verarbeitet hätte. Denn der Literat vergaß durchaus, Merkzeichen in Volkmanns Buch an den besuchten Stätten zu hinterlassen, wie es durch mehrere Quellen deutlich wurde.

Auch die Analyse des Reiseführers von Johann Riedesel ergab einige Erkenntnisse: Darin wurden 15 stiftliche Lesespuren identifiziert, von denen neun Anstreichungen, zwei Unterstreichungen und vier Marginalien sind. Das sind die wenigsten Lesespuren des untersuchten Korpus, deren Anzahl aber auch mit dem geringen Umfang des Fremdenführers zu erklären ist und mit der Tatsache, dass die Reisebeschreibungen über Sizilien bei Goethe nicht so viel Platz einnehmen wie die über die anderen Städte des italienischen Festlandes. Jede Lesespur – bis auf eine – wurde mit Bleistift verfasst. Von allen Lesespuren haben sechs eine inhaltliche Übereinstimmung zu Goethes Werk gezeigt. In diesem Band existieren keine langen handschriftlichen Passagen oder einzelne Wörter, wie bei den Büchern von Volkmann, dafür dominieren Abkürzungen und Jahreszahlen. Bei drei von den vier Marginalien ist ein inhaltlicher Zusammenhang mit der *Italienischen Reise* vorhanden. Herausstechend war eine Marginalie, bei der der Literat eine Korrektur des Inhalts vornahm. Diese schrieb er höchstwahrscheinlich nieder, nachdem er das entsprechende Monument selbst besucht hatte.

Anders als bei den zuvor betrachteten Reiseführern, fiel bei diesem auch eine Eigenheit zwischen der Art der Striche auf – denn Goethe verwendete entweder zwei Striche untereinander oder nur einen einzelnen. Dabei ist frappierend, dass nur bei den doppelten Strichen eine inhaltliche Relation mit der *Italienischen Reise* besteht. Der erste Strich könnte bei der ersten Lektüre entstand sein – vielleicht als eilige Merkhilfe während der Reise. Der zweite Strich könnte bei der erneuten Lektüre entstanden sein und als Markierung gedient haben, um den Inhalt der jeweiligen Passage für den eigenen Text zu verwenden. Eine andere Möglichkeit ist, dass die Striche unmittelbar bei der Lektüre entstanden sind und er sie aus denselben Gründen bewusst setzte. Diese Quelle war für die Vorbereitung der Reise und vermutlich beim Verfassen des gleichnamigen literarischen Teils in Goethes Buch eminent, jedenfalls bei den Passagen, die Siziliens betreffen.

Beim Vergleich der Korpora der untersuchten Reiseberichte ließen sich Gemeinsamkeiten und Unterschiede erkennen: Es ist durch diverse Quellen belegt, dass Goethe alle auf seine Reise mitnahm, sie dort las und bearbeitete. Die Bücher waren für die Vorbereitung der Reise und vermutlich beim Verfassen des gleichnamigen literarischen Stücks bedeutend. Durch den Abgleich der Kommentare mit dem Inhalt seines Tagebuches und der *Italienischen Reise*, wird deutlich, dass er nicht nur die angestrichenen Seiten gelesen hat, sondern auch Seiten davor und danach. Die große Anzahl an stiftlichen Lesespuren in den Büchern und insbesondere die Dominanz der Marginalien war überraschend, weil Goethe normalerweise selten in seine Bücher schrieb. Daher sind die gefundenen Lesespuren für die Goetheforschung sowie ihre Kontextualisierung relevant. Der Entstehungsprozess dieser Lesespuren könnte entweder während der Reise, im Vorfeld zu deren Vorbereitung oder im Anschluss, als er die *Italienische Reise* schrieb, stattgefunden haben.
Bei zwei von drei Büchern überwiegen die nonverbalen Lesespuren und die selektiv-rezeptiven Spuren. Nur in Band drei dominieren Marginalien. Hinsichtlich der Art der Marginalien sind bei allen die produktiv-rezeptiven Marginalien und die metatextuellen Lesespuren vorherrschend. Goethe hat die Texte kommentiert, eigene Gedanken bzw. Informationen hinzufügt, wodurch eine inhaltliche Auseinandersetzung mit dem Gelesenen erkennbar wurde. Entweder hat er das Gelesene korrigiert, ihm widersprochen oder anderweitig dazu Stellung bezogen. Darüber hinaus zeugen die Reiseführer von einer enormen Bandbreite an Marginalien – seien es Datumsangaben, Abkürzungen, lange Passagen auf Italienisch, Jahreszahlen, Merkhilfen oder Kommentare.
Auffällig ist außerdem, dass die meisten Lesespuren in den Kapiteln zu den Städten gefunden wurden, wo Goethe sich auch am längsten aufhielt – sei es Bologna, Verona oder Venedig. Dort hatte er das Bedürfnis, länger zu verweilen, die Sehenswürdigkeiten zu besichtigen und das Alltagsleben des einfachen Volkes zu beobachten sowie literarisch festzuhalten. Das lässt sich auch dadurch erklären, dass Goethe auf den Spuren

Volkmanns, Mengs, Winckelmanns, Riedesels und Co. wandelte, um die Antike zu entdecken sowie zu erforschen und um der Tradition der Grand Tour durch Italien zu folgen. Diese Bildungsreisen haben sich unter anderem an diesen bestimmten Orten ausgerichtet, da sie unbedingt bereist werden sollten.

Die Analyse der Lesespuren offenbart, wie Goethe die untersuchten Bücher las – mit welcher Intensität, aus welchen Gründen und Leitmotiven. Zudem werden die semantischen Zusammenhänge und Ideencluster erkennbar. Dabei sind die betrachteten Reiseführer aufgrund der Lesespuren keine reinen Druckerzeugnisse mehr. Die Lesespuren stilisieren das jeweilige Buchexemplar zu einem Einzelstück. Sie machen die Diskontinuität zwischen dem Haupt- und dem Nebentext, zwischen dem Autor und dem Leser, zwischen dem Schreiber und dem Selbstleser, zwischen primärem und sekundärem Text sichtbar. Dabei veranschaulichen sie, dass Goethe sich intensiv mit dem Buch auseinandersetzte, es gründlich las sowie bearbeitete und den direkten Bezug zu seinem literarischen oder wissenschaftlichen Produktionszyklus.

Hinsichtlich der Provenienz der Lesespuren kann mit einer hohen Wahrscheinlichkeit davon ausgegangen werden, dass die meisten von Goethe stammen – besonders die Marginalien. Trotz der Vielfalt der Lesespuren sind bezüglich der Handschrift und der Anbringung der An- und Unterstreichungen sowie der Kreuze Ähnlichkeiten erkennbar. Vor allem die einfache Unterstreichung und der kurze, nur eine Zeile betreffende Strich am seitlichen Rand sind typisch für die Bücher in Goethes Bibliothek. Die gezeigte Kontextualisierung der Lesespuren und von Goethes literarischem Werk ist ein weiteres Indiz dafür, dass sie von ihm stammen.

Neben den Schriften, die Goethe auf seine Reise mitnahm und die einen Einfluss auf sein literarisches Schaffen hatten, gab es auch jene, die er in Italien gekauft hat. Welche das genau waren ist nur in wenigen Fällen belegt. Es konnte aufgezeigt werden, dass darunter die folgenden Bücher waren: *L' Architettura Di M. Vitruvio Pollione: Colla raduzione Italiana e Comento del Marchese Berardo Galiani* von Vitruvius, das Goethe in

Venedig kaufte und *I quattro libri dell' architettura di Andrea Palladio* von Andrea Palladio, das er in Padua erstand. Exemplarisch wurde das zweite Werk betrachtet. Insgesamt erwähnte Goethe nach eigenen Auswertungen Palladio 24-mal in der *Italienischen Reise*, so oft wie keinen anderen Schriftsteller eines Buches, das sich in Goethes Privatbibliothek befindet. Selbst wenn der Fokus bei dieser exemplarischen Untersuchung nicht auf Lesespuren lag, wurden die wenigen aufgezeigt und auch neue gefunden, die noch nicht im Goethe-Onlinekatalog der Herzogin Anna Amalia Bibliothek Weimar vermerkt worden sind: Zahlen, Zeichnungen und Notizen, die aus seiner Hand stammen.

Palladio war bedeutend für Goethes Kunsterlebnis während seiner Italienreise, was er später literarisch verwendete. Im Zentrum seiner Stadtbesichtigung standen die architektonischen Schöpfungen Palladios, ob in Vicenza, Venedig oder anderen Städten. Die Beobachtungen und Eindrücke, die er sowohl physisch sah als auch im Palladio Band las, nahmen einen hohen Stellenwert in der *Italienischen Reise* ein. Somit kaufte er das Buch nicht nur in Italien, sondern er las darin und verarbeitete das Wissen daraus literarisch.

Die gekauften Bücher zeigen, wie ein Teil von Goethes Privatbibliothek entstand und wie er das Wissen daraus in sein Werk verarbeitete. Goethe wollte damit ein bestimmtes Bild vermitteln und dadurch wurden seine persönlichen, authentischen Erinnerungen überblendet. Es wird ein konstruiertes Erlebnis geschaffen, besonders mithilfe des Wissens aus den Quellen wie diesen. Die inhaltliche Diskrepanz zwischen den Notizen im Originaltagebuch und dem gedruckten Reisebericht komplementiert den Eindruck, denn Goethe beschreibt Besuche von Gebäuden, die im Tagebuch nicht vorkommen. Wahrscheinlich nahm er sie abermals zur Hand, als er viele Jahrzehnte später die *Italienische Reise* verfasste: zur Stilisierung, Füllung der Erinnerungslücken und Vervollständigung des Eindruckes, den er erschaffen wollte. Die Tatsache, dass Goethe bei der gedruckten Version wieder viele Passagen wegließ und mit dem Abstand der Jahre seine Begeisterung für Palladio abnahm, ergänzt wiederum das Bild.

Existieren noch im Tagebuch der Italienreise zahlreiche Verweise auf die Bücher Volkmanns, Riedesels, Palladios und auf die gekauften Bücher in Italien, eliminierte Goethe sie jedoch beim Redigieren des Textes für die spätere Publikation, um damit seine ‚Bildungslücken' zu verschleiern. Auf diese Weise wird ein verzerrtes Bild vermittelt. Der Literat suggerierte damit, es sei alles aus ihm selbst entstanden und dass er nicht auf andere Schriften angewiesen war, um sein Buch zu verfassen, und vor allem keine Buchgelehrsamkeit betrieb, doch die Untersuchung belegt diese: Goethe arbeitete mit anderen Quellen und ließ dieses Wissen in die *Italienische Reise* einfließen. Somit fand keine Reflexion statt und das spezielle Programm von autobiographischen Schriften wird sichtbar, welches ebenso von der Selbststilisierung und Historisierung Goethes zeugt.

Der letzte untersuchte Punkt betraf die perspektivisch betrachteten Ausleihen Goethes. Es ist evident, diese in die Untersuchung miteinzubeziehen, da nur so ein vollständiges Bild der Bibliothek und des Entstehungsprozesses der *Italienischen Reise*, der durch die Privatbibliothek Goethes beeinflusst wurde, aufgezeigt werden kann. Wurden bis zu diesem Punkt nur die Ergebnisse der Analyse der realen Bibliothek betrachtet, illustrierten die Ausleihen die virtuelle Bibliothek. So lieh Goethe viele Bücher aus verschiedenen Bibliotheken aus, die er las und für seine Arbeit nutzte, die aber nicht in seiner Privatbibliothek standen.
Sie waren zentrale Hilfsmittel seiner Arbeit und fungierten als Ergänzung seiner privaten Bibliothek. Seine Ausleihen bilden sein Interesse und die Auseinandersetzung mit einem spezifischen Thema ab, in diesem Fall zu Italien, denn in den Zeiträumen der Ausleihen von 1815 bis 1817 sowie 1829 beschäftigte sich Goethe mit der Recherche und Abfassung seiner *Italienischen Reise*. Zudem liefern sie weitere Indizien dafür, dass Goethes Reisebericht ein Konstrukt ist. Die exemplarisch genannten Opera veranschaulichen das Potenzial, das die Auswertung der Ausleihen aufweist. Es kann zwar nicht bewiesen werden, ob Goethe wirklich diese Texte bei der Abfassung seines Reiseberichtes verwendete, aber es gibt eindeutige Hinweise darauf.

Außerdem war die *Italienische Reise* ein Projekt von Goethes Nachlass- und Werkpolitik, das wiederum mit der Funktion der Privatbibliothek korreliert und weitere Verflechtungen aufzeigt. So sind die Funktionen der Bibliothek anhand der Lesespuren in seinen Büchern erkennbar: die Funktion der Nachlassbibliothek, der Arbeitsbibliothek und der

Autorenbibliothek. Alles ist miteinander verflochten und bezieht sich aufeinander. Goethe konsultierte die verschiedenen Bücher, die in seiner Privatbibliothek stehen. Mit dem Wissen daraus besuchte er die Städte Italiens, schuf mithilfe ihrer Kenntnisse sein literarisches Werk und betrieb dadurch Buchgelehrsamkeit. Somit werden Prozesse der Entstehung des Reiseberichts und die Wirkung sowie der Nutzen der Lesespuren anhand der Privatbibliothek Goethes sichtbar. Auch wenn dies nur eine Annäherung sein kann, konnten durch den systematischen Blick auf die Benutzungsspuren in der Bibliothek viele Schlüsse zu Goethes Arbeit gezogen und gezeigt werden, dass die Privatbibliothek als Spiegel der *Italienischen Reise* fungiert.

6. Quellen- und Literaturverzeichnis

6.1 Primärquellen – Siglenverzeichnis

Goethe B: GOETHE, Johann Wolfgang von: Briefe: Historisch-kritische Ausgabe. Hg. von Georg Kurscheidt u. a. Bisher 14 Bde. in 20 Teilbänden. Berlin/Boston 2008–

Goethe DW: GOETHE, Johann Wolfgang von: Dichtung und Wahrheit. Text und Kommentar. Hg. von Klaus-Detlef Müller. Frankfurt am Main 2018 (= Deutscher Klassiker Verlag im Taschenbuch 15).

Goethe IR 1: GOETHE, Johann Wolfgang von: Goethes Italienische Reise Teil 1. Texte. Hg. von Christoph Michel/Hans-Georg Dewitz. Berlin (= Deutscher Klassiker Verlag im Taschenbuch 48).

Goethe MA: GOETHE, Johann Wolfgang von: Sämtliche Werke nach Epochen seines Schaffens: Münchner Ausgabe. Hg. von Karl Richter u. a. 21 Bde. in 33 Teilbänden. München 2006.

Goethe TB 1: GOETHE, Johann Wolfgang von: Tagebücher 1775–1787. Text. Historisch-kritische Ausgabe. Bd. 1.1. Hg. von Jochen Golz u. a. Stuttgart/Weimar 1998.

Goethe WA: GOETHE, Johann Wolfgang von: Werke. Sophien-Ausgabe. 143 Bde. + 3 Supplementbde. Weimar 1887–1919.

Pall QA: PALLADIO, Andrea: I quattro libri dell' architettura di Andrea Palladio. Erscheinungsort nicht ermittelbar 1768.

Ried SG: RIEDESEL, Johann Hermann: Voyage en Sicile et dans la grande Grèce. Lausanne 1773.

Volk I 1: VOLKMANN, Johann Jacob: Historisch-kritische Nachrichten von Italien: Welche eine genaue Beschreibung dieses Landes, der Sitten und Gebräuche, der Regierungsform, Handlung, Oekonomie, des Zustandes der Wissenschaften und insonderheit der Werke der Kunst nebst einer Beurtheilung derselben enthalten. Bd. 1. Leipzig 1770.

Volk I 3: VOLKMANN, Johann Jacob: Historisch-kritische Nachrichten von Italien: Welche eine genaue Beschreibung dieses Landes, der Sitten und Gebräuche, der Regierungsform, Handlung, Oekonomie, des Zustandes der Wissenschaften und insonderheit der Werke der Kunst nebst einer Beurtheilung derselben enthalten. Bd. 3. Leipzig 1770.

6.2 Weitere Primärliteratur

ANONYM: Reise durch Sicilien und Großgriechenland. Lausanne 1771.

BERTOTTI, Scamozzi: Forestiere Istruito Delle Cose Più Rare Di Architettura, Edi alcune Pitture Della Città Di Vicenza. Vincenza 1761.

BRIEFWECHSEL ZWISCHEN GOETHE UND KNEBEL (1774–1832). Erster Theil. Hg. von Gottschalk Eduard Guhrauer. Leipzig 1851.

GOETHE, Johann Wolfgang von: Die letzten Jahre. Briefe, Tagebücher und Gespräche von 1823 bis zu Goethes Tod, Teil 3. Vom Dornburger Aufenthalt 1828 bis zu Goethes Tod. Hg. von Horst Fleig. Frankfurt am Main 1993 (= Deutscher Klassiker Verlag im Taschenbuch 90).

GOETHE, Johann Wolfgang von: Tagebuch der Italienischen Reise 1786. Notizen und Briefe aus Italien mit Skizzen und Zeichnungen des Autors. Hg. von Christoph Michel. Berlin 2021 (= Insel Taschenbuch 176).

GOETHE, Johann Wolfgang von: Tagebücher 1775–1787. Kommentar. Historisch-kritische Ausgabe. Bd. 1,2. Hg. von Wolfgang Albrecht/Andreas Döhler. Stuttgart 1998.

KEUDELL, Elise: Goethe als Benutzer der Weimarer Bibliothek. Ein Verzeichnis der von ihm ausgeliehenen Werke. Weimar 1931.

MAIER, Johann Christoph: Denkwürdigkeiten aus der Staatsverfassung der Republik Venedig. Leipzig 1796.

MALVASIA, Carlo Cesare: Pitture scolture ed architetture delle chiese luoghi pubblici, palazzi, e case della citta di Bologna. Bologna 1782.

MENGS, Anton Raphael: Gedanken über die Schönheit und den Geschmack der Malerei. Zürich 1774.

Newton, Isaac: Opticks: or, a Treatise of the Reflections, Refractions, Inflections and Colours of Light. London 1730.

RUPPERT, Hans: Goethes Bibliothek. Katalog. Weimar 1958.

SANDRART, Joachim: Teutsche Academie der Bau-Bildhauer- und Malerkunst. Nürnberg 1773.

VITRUVIUS, Marcus: L' Architettura Di M. Vitruvio Pollione: Colla raduzione Italiana e Comento del Marchese Berardo Galiani. Neapel 1758.

6.3 Benutzte Archivbestände

Goethe- und Schiller-Archiv Weimar:

GSA 27/9: Goethe, Johann Wolfgang von / Tagebücher.
GSA 34: Goethe, Johann Wolfgang von / Rechnungen.
GSA 35: Goethe, Johann Wolfgang von / Varia.

6.4 Sekundärliteratur

ADAM, Wolfgang: Kanon und Generation. Der Torso vom Belvedere in der Sicht deutscher Italienreisender des 18. Jahrhunderts. In: Euphorion, Bd. 97 (2003), S. 419–457.

ANONYM: Anzeige: Gesuchte Stellen oder Sachen. In: Weimarisches Wochenblatt 61. Jg. (1815), Nr. 47 vom 13.06.1815.

ATZE, Marcel: Libri annotati: Annäherung an eine vernachlässigte Spezies: Hand- und Arbeitsexemplare. In: Lesespuren – Spurenlesen: Wie kommt die Handschrift ins Buch? Hg. von Marcel Atze/Volker Kaukoreit. Wien 2011, S. 11–51.

AURNHAMMER, Achim: Italien. In: Goethe-Handbuch. Hg. von Bernd Witte/Theo Buck u. a. Bd. 4.1. Stuttgart 1998, S. 546–553.

BAMERT, Manuel: Gelesenes Gedrucktes: Textzentrierte Erklärungsansätze zur Entstehung von Lesespuren. In: Randkulturen: Lese- und Gebrauchsspuren in Autorenbibliotheken des 19. und 20. Jahrhunderts. Hg. von Anke Jaspers/Andreas Kilcher. Göttingen 2020a, S. 90–110.

---. Aha! – Annotieren mit Stiften als epistemische Praxis. In: Annotations in scholarly editions and research: functions, differentiation, systematization. Hg. von Julia Nantke. Berlin/Boston 2020b, S. 20–34.

---. Stifte am Werk. Phänomenologie, Epistemologie und Poetologie von Lesespuren am Beispiel der Nachlassbibliothek Thomas Manns. Göttingen 2021.

BENNE, Christian: Die Erfindung des Manuskripts: Zur Theorie und Geschichte literarischer Gegenständlichkeit. Berlin 2015.

BERGMANN, Rolf/Stefanie Stricker (Hg.): Die althochdeutsche und altsächsische Glossographie: Ein Handbuch. Berlin 2009.

BOYLE, Nicholas: Goethe. Der Dichter in seiner Zeit 1749–1790. Frankfurt am Main 2004.

BÜLOW, Ulrich von: Der Nachlass als materialisiertes Gedächtnis und archivarische Überlieferungsform In: Nachlassbewusstsein. Literatur, Archiv, Philologie, 1750–2000. Hg. von Kai Sina/Carlos Spoerhase. Göttingen 2017, S. 75–91.

BUZAS, Ladislaus: Deutsche Bibliotheksgeschichte der Neuzeit (1500 – 1800). Wiesbaden 1976 (= Elemente des Buch- und Bibliothekswesens 2).

CURTIUS, Ernst Robert: Goethes Aktenführung. Kritische Essays zur europäischen Literatur. In: Romanische Forschungen Vol. 67 (1) (1955), S. 57–69.

D'IORIO, Paolo: Geschichte der Bibliothek Nietzsches und ihrer Verzeichnisse. In: Nietzsches persönliche Bibliothek. Hg. von Giuliano Campioni. Berlin/New York 2003, S. 33–78.

EINEM, Herbert von: Goethe Studien. München 1972.

ENGELHARDT, Wolf von (Hg): Goethes Fichtestudien: Faksimile-Edition von Goethes Handexemplar der Programmschrift „Ueber den Begriff der Wissenschaftslehre." Weimar 2004.

FERRER, Daniel: Bibliothèques réelles et bibliothèques virtuelles. In: Quarto. Zeitschrift des Schweizerischen Literaturarchivs 30/31 (2010), S. 15–18.

FUCHS, Dieter: Bibliothek. In: Metzler Goethe Lexikon. Hg. von Benedigt Jeßing u. a. Stuttgart/Weimar u. a. 1999, S. 50.

GENETTE, Gérard. Paratexte: Das Buch vom Beiwerk des Buches. Übers. von Dieter Horning. Hg. von Harald Weinrich. Frankfurt am Main 1992.

GFREREIS, Heike: Vorwort. Das bewegte Buch: Ein Katalog der gelesenen Bücher: Mit 104 Beispielen aus dem Deutschen Literaturarchiv Marbach. Hg. von Heike Gfrereis. Marbach am Neckar 2015.

GÜNTHER, Hubertus: Goethe begegnet Palladio. In: Jahrbuch des Freien Deutschen Hochstifts. Hg. von Anne Bohnenkamp. Frankfurt 2021, S. 76–120.

HOPP, Doris/PERELS, Christoph: Bey Herrn Rath Göthe auf dem Grosen Hirschgraben: Eine zahlreiche auserlesene Bibliotheck: Die Büchersammlung Johann Caspar Goethes; Ausstellung des Freien

Deutschen Hochstifts Frankfurter Goethe-Museums vom 27. August bis 28. Oktober 2001. Frankfurt am Main 2001.

HÖPPNER, Stefan: Autorschaft und Bibliothek. Sammlungsstrategien und Schreibverfahren. 2018a (= Kulturen des Sammelns 2).

---. Bücher sammeln und schreiben: Eine Einleitung. In: Autorschaft und Bibliothek: Sammlungsstrategien und Schreibverfahren. Hg. von Stefan Höppner u. a. Göttingen 2018b (= Kulturen des Sammelns 2), S. 14–22.

---. ‚Familien-Denkmal' vs. ‚National Eigenthum'. Internationales Archiv für die Sozialgeschichte der deutschen Literatur 46.1 (2021), S. 216–228.

---. Goethes Bibliothek. Eine Sammlung und ihre Geschichte. Frankfurt am Main 2022.

JAMMERS, Antonius/Pforte, Dieter: Die besondere Bibliothek oder die Faszination von Büchersammlungen. München 2002.

JASPERS, Anke: (Frau) Thomas Manns Bibliothek? Autorschaftsinszenierung in der Nachlassbibliothek. In: Randkulturen: Lese- und Gebrauchsspuren in Autorenbibliotheken des 19. und 20. Jahrhunderts. Hg. von Anke Jaspers/Andreas B. Kilcher. Göttingen 2020, S. 141–65.

KAHL, Paul: Die Erfindung des Dichterhauses. Das Goethenationalmuseum in Weimar. Eine Kulturgeschichte. Göttingen 2015.

KELLER, Harald: Goethe, Palladio und England. München 1971.

KITTLER, Friedrich: Goethe I: Lullaby of Birdland. In: Dichter – Mutter – Kind. München 1991, S. 103–118.

KRUMEICH, Kirsten: Geliehene Lektüren. Die Ausleihpraxis der Weimarer Bibliothek 1792–1834 und die Entleihungen Johann Wolfgang von Goethes. In: Autorenbibliotheken: Erschließung, Rekonstruktion, Wissensordnung. Hg. von Michael Knoche. Wiesbaden 2015 (= Bibliothek und Wissenschaft 48), S. 61–91.

LANDFESTER, ULRIKE: Johann Wolfgang von Goethe. Autobiographische Schriften. In: Kindlers Literatur Lexikon. Bd. 3. Hg. von Heinz Ludwig Arnold. Stuttgart 2009, S. 603–613.

MAISAK, Petra: Die Sammlungen Johann Caspar Goethes im ‚Haus zu den drei Leyern' in Frankfurt. In: Räume der Kunst: Blicke auf Goethes Sammlungen. Hg. von Markus Bertsch/Johannes Grave. Göttingen 2005, S. 23–46.

MALTZAHN, Hellmuth von: Bücher aus dem Besitz des Vaters in Goethes Weimarer Bibliothek. In: Jahrbuch des Freien deutschen Hochstifts (1927), S. 363–382.

---. Nachlassbewusstsein. Literatur, Archiv, Philologie. 1750–2000. Göttingen 2017 (= Marbacher Schriften 13).

MARTIN, Dieter: Wielands Nachlass: Kapitalien, Hausrat, Bücher. Heidelberg 2020.

MAURER, Golo: Heimreisen: Goethe, Italien und die Suche der Deutschen nach sich selbst dazu auch. Hamburg 2021.

MAYER, Mathias: Goethes Venedig. Berlin 2015 (= Insel-Bücherei Nr. 1404).

MOULIN, Claudine: Endozentrik und Exozentrik: Marginalien und andere sekundäre Eintragungen in Autorenbibliotheken. In: Autorschaft und Bibliothek: Sammlungsstrategien und Schreibverfahren. Hg. von Stefan Höppner u. a. Göttingen 2018 (= Kulturen des Sammelns 2), S. 227–240.

MOLNÁR, Géza von: Goethes Kantstudien: eine Zusammenstellung nach Eintragungen in seinen Handexemplaren der „Kritik der reinen Vernunft“ und der „Kritik der Urteilskraft“. Weimar 1996.

MÜLLER, Karla: Goethes Jenaer Bibliotheksgeschäft. Jena 2016.

OELWEIN, Cornelia: Riedesel, Johann Hermann Freiherr von. In: Neue Deutsche Biographie 21. Aachen 2003, S. 572–574.

PAUMGARDHEN, Paola: Auch ich in Italien. Johann Caspar, Johann Wolfgang, August Goethe. Eine Dreistimmige Reise-Biographie. Würzburg 2019.

POTT, Ute: Aus dem Geist der Freundschaft: Ein Literaturarchiv für die Nachwelt: Johann Wilhelm Ludwig Gleim als Sammler. In: Das Jahrhundert der Freundschaft: Johann Wilhelm Ludwig Gleim und seine Zeitgenossen. Hg. von Ute Pott. Göttingen 2004, S. 61–70.

ROHMANN, Ivonne: Aspekte der Erschließung und Rekonstruktion nachgelassener Privatbibliotheken am Beispiel der Büchersammlungen Herders, Wielands, Schillers und Goethes. In: Autorenbibliotheken: Erschließung, Rekonstruktion, Wissensordnung. Hg. von Michael Knoche. Wiesbaden 2015 (= Bibliothek und Wissenschaft 48), S. 17–59.

SAVOY, Bénédicte: Die Provenienz der Kultur: Von der Trauer des Verlusts zum universalen Menschheitserbe. Berlin 2018.

SCHEIBE, Siegfried u. a.: Arbeitsweise. In: Goethe-Handbuch. Hg. von Bernd Witte u. a. Bd. 4.1. Stuttgart 1998. S. 73–79.

SCHÖNBORN, Sibylle: Tagebuch. In: Reallexikon der deutschen Literaturwissenschaft: Neubearbeitung des Reallexikons der deutschen Literaturgeschichte. Bd. III: P – Z. Hg. Georg Braungart u. a. Berlin/Boston 2007, S. 574–577.

SINA, Kai: Nachlassbewusstsein. Zur literaturwissenschaftlichen Erforschung seiner Entstehung und Entwicklung. In: Zeitschrift für Germanistik Vol. 23, No. 3 (2013), S. 607–623.

SPERL, Richard: Grundsätze zur Einrichtung und Benutzung des Verzeichnisses. In: Die Bibliotheken von Karl Marx und Friedrich Engels. Annotiertes Verzeichnis des ermittelten Bestandes. Hg. von Hans-Peter Harstick u. a. Berlin 1999 (= Karl Marx Friedrich Engels Gesamtausgabe. Vierte Abteilung. Exzerpte, Notizen, Marginalien 32).

STOCKINGER, Claudia. Das 19. Jahrhundert: Zeitalter des Realismus. Berlin 2010.

STREICH, Gerhard: Die Privatbibliothek als Handwerkszeug des Gelehrten im 18. Jahrhundert, dargestellt am Beispiel Göttingens. In: Öffentliche und private Bibliotheken im 17. und 18. Jahrhundert: Raritätenkammern, Forschungsinstrumente oder Bildungsstätten? Hg. von Paul Raabe. Bremen u. a. 1977, S. 241–99.

VISMANN, Cornelia: Akten, Medientechnik und Recht. Frankfurt am Main 2000.

WACHSMUTH, Andreas Bruno: Goethes Bibliothek: Zu ihrem jetzt erschienenen Katalog. Goethe: Vierteljahresschrift der Goethe-Gesellschaft 20 (1958a), S. 178–201.

---. Goethes Bibliothek: Rezension: Bearbeiter der Ausgabe Hans Ruppert. Weimarer Beiträge 4 (1958b), S. 421–428.

WEBER, Jürgen: Bodies of Evidence: Exemplar, Sammlung und Provenienz. In: Quarto. Zeitschrift des Schweizerischen Literaturarchivs (SLA) 30/31 (2010), S. 169–174.

WEGMANN, Nikolaus: Bücherlabyrinthe. Suchen und Finden im alexandrinischen Zeitalter. Köln u. a. 2000.

WIELAND, Magnus: Materialität des Schreibens Lesens – Materialität des Lesens. In: Autorenbibliotheken: Erschließung, Rekonstruktion, Wissensordnung. Hg. von Michael Knoche. Wiesbaden 2015 (= Bibliothek und Wissenschaft 48), S. 147–173.

---. Border Lines – Zeichen am Rande des Sinnzusammenhangs. In: Randkulturen: Lese- und Gebrauchsspuren in Autorenbibliotheken des 19. und 20. Jahrhunderts. Hg. von Anke Jaspers/Andreas B. Kilcher. Göttingen 2020, S. 64–89.

WERLE, Dirk: Nachlass, Nachwelt und Nachruhm um 1800. Am Beispiel Johann Wolfgang von Goethes. In: Kai Sina/Carlos Spoerhase: Nachlassbewusstsein. Literatur, Archiv, Philologie. 1750–2000. Göttingen 2017 (= Marbacher Schriften 13), S. 115–132.

---. Autorschaft und Bibliothek: Literaturtheoretische Perspektiven. In: Autorschaft und Bibliothek: Sammlungsstrategien und Schreibverfahren. Hg. von Stefan Höppner/Caroline Jessen u. a. Göttingen 2018 (= Kulturen des Sammelns 2), S. 23–34.

WILPERT, Gero von: Italienische Reise. In: Goethe-Lexikon. Hg. von Gero von Wilpert. Stuttgart 1998, S. 518f.

ZANETTI, Sandro: Sich selbst historisch werden: Goethe – Faust. In: Schreiben heißt: Sich selber lesen: Schreibszenen als Selbstlektüren. Hg. von Davide Giuriato u. a. München 2008. S. 85–113.

6.5 Internetquellen

GOETHE-SCHILLER-ARCHIV: GSA 34: Bestände. URL: https://ores.klassik-stiftung.de/ords/f?p=401:70:16188104002120:::RP:p_bnr,p70_region,p70_seite:34,2,1 (zuletzt aufgerufen am 20.04.2022).

HERZOGIN ANNA AMALIA BIBLIOTHEK WEIMAR: Goethes Bibliothek Online. Historisch-kritische Nachrichten von Italien, Band 1. URL: https://opac.lbs-weimar.gbv.de/DB=2.5/SET=1/TTL=1/SHW?FRST=7 (zuletzt aufgerufen am 10.05.2022).

HERZOGIN ANNA AMALIA BIBLIOTHEK WEIMAR: Goethes Bibliothek Online. Historisch-kritische Nachrichten von Italien, Band 3. URL: https://opac.lbs-weimar.gbv.de/DB=2.5/SET=7/TTL=3/SHW?FRST=1 (zuletzt aufgerufen am 10.05.2022).

HERZOGIN ANNA AMALIA BIBLIOTHEK WEIMAR: Goethes Bibliothek Online. URL: https://opac.lbs-weimar.gbv.de/DB=2.5/ (zuletzt aufgerufen am 25.06.2022).

HERZOGIN ANNA AMALIA BIBLIOTHEK WEIMAR: Goethes Bibliothek Online. Voyage en Sicile et dans la grande Grèce. URL: https://lhwei.gbv.de/DB=2.5/XMLPRS=N/PPN?PPN=137514670 (zuletzt aufgerufen am 01.06.2022).

HÖPPNER, Stefan u. a.: Goethes Ausleihen: VIKUS-Viewer. URL: https://vfr.mww-forschung.de/en/web/goethedigital/vikus (zuletzt aufgerufen am 25.06.2022).

SCHEIBE, Michaela: T-Pro Thesaurus der Provenienzbegriffe. URL: https://provenienz.gbv.de/T-PRO_Thesaurus_der_Provenienzbegriffe (zuletzt aufgerufen am 01.07.2022).

7. Abbildungsverzeichnis